스터디카페
창업의 모든 것

스터디카페
창업의 모든 것

1판 1쇄 펴낸날 | 2022년 5월 30일

지은이 | 김한솔·김성천
펴낸이 | 나성원
펴낸곳 | 나비의활주로

책임편집 | 권영선
디자인 | design BIGWAVE

주소 | 서울시 성북구 아리랑로19길 86, 203-505
전화 | 070-7643-7272
팩스 | 02-6499-0595
전자우편 | butterflyrun@naver.com
출판등록 | 제2010-000138호
상표등록 | 제40-1362154호

ISBN | 979-11-90865-65-4 03320

스터디카페

창업의 모든 것

김한솔·김성천 지음

나비의 활주로

PROLOGUE

위드 코로나 시대의 스터디카페 창업

코로나19 팬데믹이 선언된 지 1년 6개월 만에 세계 각국은 위드 코로나로 전환할 준비를 갖춰나가고 있다. 우리나라 역시 2021년 11월을 기점으로 단계적 일상 회복을 추진하고 있다. 코로나19 사태가 장기화되면서 더 이상 코로나가 경제에 미치는 직격탄을 좌시할 수만은 없다는 공감대가 형성된 결과다.

창업 시장 또한 위드 코로나에 따른 기대감으로 수요 증가세가 두드러지고 있다. 코로나19로 위축되었던 소비가 위드 코로나를 계기로 폭발할 거라는 기대 심리와 함께 창업 시장도 활기를 띠는 중이다. 하지만 섣부른 창업은 실패할 가능성을 높인다는 우려의 목소리도 동시에 커지고 있다. 위드 코로나로 전환이 되더라도 코로나19 이전의 경제 환경으로 돌아가기는 사실상 불가능하다는 것이 전문가들의 중론이다.

팬데믹 이후 기업은 근무 유연제 또는 재택근무의 비중을 획기적으로 늘렸고, 유통업계에서는 언택트 소비문화 확산에 따른 변화가 광범위하게 퍼져나갔다. 이것은 새로운 방역체계인 위드 코로나가 실행된다고 해도 코로나19가 불러온 경제 생태계의 변화는 그대로 지속될 것을 의미한다. 따라서 개인들은 변화된 경제 환경 속에서 또 다른 돌파구를 찾아야 하며, 그것은 창업 시장도 마찬가지다.

현재 정부에서는 창업 교육 강화, 자영업 컨설팅 지원, 프랜차이즈 활성화 정책 등을 추진하며 예비 창업자에 대한 지원을 다각도로 펼치고 있다. 하지만 창업자 중 90% 이상이 1년 내에 폐업을 하는 것으로 나타나 정부의 적극적 지원에도 창업 성공률을 높이기는 어렵다는 것이 여실히 드러나고 있다.

특히 프랜차이즈의 경우 과도한 창업 비용 및 로열티 지불 등의 부담이 코로나19로 인한 수익률 감소와 맞물려 위험요소로 작용하고 있다는 분석이 힘을 얻고 있다. 그렇다면 위드 코로나 시대의 창업은 어떻게 접근해야 할까? 우선 최대한 고정지출을 줄이고 타깃층이 명확해야 한다는 것은 기본이다.

2022년 스터디카페 트렌드

시류에 맞는 아이템을 선정해야 창업 성공률을 높일 수 있다는 말은 언뜻 들으면 매우 상식적이다. 하지만 여기에는 보이지 않는 함정이 있다. 트렌드에 부합하되 지속성이 있어야 생명력을 갖기 때문이다. 일시적인 유행에 그치는 아이템은 결코 만족스러운 성과를 가져다줄 수 없다.

찜닭, 조개구이, 벌꿀 아이스크림, 대왕 카스테라 등 과거 선풍적인 인기를 끌었던 창업 아이템들이 얼마나 빠르게 사라졌는지를 떠올려보면 그 차이를 알 수 있을 것이다. 특히 코로나19 팬데믹 영향으로 기업의 고용이 줄고 창업 시장으로 눈길을 돌리는 수요가 많다는 점을 감안하면 사업 아이템의 지속성은 매우 중요하다.

그렇다면 어떤 아이템이 지속적인 생명력을 가질까? 우선 2가지 조건을 만족해야 한다. 첫 번째는 인건비가 많이 들지 않아야 한다. 두 번째는 아이템을 소비하는 특정 소비계층이 있어야 한다. 만약 이 2가지 조건이 충족되지 않는다면 큰 리스크를 떠안아야 하는 것은 물론 창업 수요가 증가하는 위드 코로나 정국에서 경쟁력을 유지하는 것은 요원하다.

위드 코로나 시대에 인건비 등 고정지출을 줄여야 하는 이유는 아직까지 위드 코로나가 성공적으로 안착하지 못했기 때문이다. 현재 전문가들은 위드 코로나가 안정적으로 안착하기 위해서는 성공적 방역과 치료제 개발, 코로나19의 간헐적 확산 등의 전제 조건이 충족되어야 한다고 보고 있다. 하지만 2022년 초 현재 세계 각국에서 도입하고 있는 위드 코로나는 아직까지 과도기 상태인 것이 사실이다. 따라서 어느 정도 안정권에 돌입할 때까지 고정지출을 최대한 줄여야 리스크 극복에 유리하다.

한편 사업 아이템을 소비하는 특정 소비계층이 필요한 이유는 목표 타깃층이 분명한 사업일수록 안정적인 수익 창출이 상대적으로 용이하기 때문이다. 특히 고정적인 소비계층을 확보하고 있으면서도 다양한 소비계층을 흡수할 수 있는 사업이라면 금상첨화다. 단,

이 조건을 충족하더라도 차별화에 실패한다면 경쟁에서 도태될 수밖에 없다.

팬데믹 시대에도 나 홀로 호황, 비대면(Untact) 창업 아이템 '스터디카페'

코로나19 확산이 기승을 부리던 2020년 5월, 국내 한 경제지에 실린 기사의 타이틀이다. 기사에 따르면 대면 서비스 업종은 코로나19 여파로 매출이 무려 70~80%가량 줄어든 반면, 스터디카페는 IT 기술을 기반으로 완성도 높은 비대면 서비스가 가능해져 꾸준한 성장세를 보이고 있다고 한다. 또한 비대면 운영 시스템을 구축함으로써 비말을 통한 감염 가능성이 현저히 떨어질 뿐만 아니라 최신형 공기정화시스템의 도입으로 코로나19에 대한 안전성을 갖춘 공간이라는 인식이 확산되면서 팬데믹 이전보다도 호황을 누리고 있다. 무인운영시스템을 도입할 경우 인건비가 추가로 발생하지 않는다는 점도 스터디카페의 강점으로 부각되고 있다. 이것은 사업 아이템이 지속성을 가지려면 인건비가 많이 들지 않아야 한다는 조건을 스터디카페가 충족하기 때문이다.

한편 스터디카페는 안정적인 수익 창출이 보장되는 사업으로도 높이 평가되고 있다. 이것은 스터디카페를 이용하는 고정 소비계층이 존재하기 때문이다. 스터디카페는 이른바 '카공족(카페에서 공부하는 사람들)'의 등장과 취업난·실업률의 증가로 공부에 집중할 수 있는 공간을 필요로 하는 MZ 세대의 니즈에 따라 출현한 공간이다.

특히 기존의 독서실과는 차이점을 보이는데, 예를 들어 독서실처럼 월 단위 정액 결제가 아닌 다양한 요금제가 있어 유연성 있게 사용할 수 있다는 점에서 호응을 받고 있다. 카페처럼 너무 혼란스러운 분위기를 피하고자 하는 고객들 역시 스터디카페를 선호하고 있어 이들이 고정 소비계층으로 자리 잡으면서 빠르게 성장하고 있다.

창업자 기준에서도 주휴 수당이나 주 52시간 근무 제약에서 자유롭기 때문에 상대적으로 수월하게 창업을 할 수 있다는 이점을 갖추고 있다. 하지만 스터디카페 역시 진입장벽이 낮은 장치 산업이기 때문에 타 업체와 비교해 경쟁 우위를 가지려면 차별화 전략은 필수이며, 만약 차별화에 실패한다면 치열한 경쟁에서 승리할 수 없다.

마케팅 해주는 인테리어 업체

스터디카페는 장치 산업이기 때문에 이미 운영과 관련된 노하우가 대부분 일반에 공개되어 있다. 이것을 뛰어넘는 경쟁력을 갖추기 위해서는 인테리어와 집기, 방음, 환기 시스템 등에서 차별화에 성공해야 한다. 이 조건은 제대로 된 인테리어 업체에게 공사를 의뢰하면 해결할 수 있다. 여기에 한 가지 더 차별화를 할 수 있는 부분이 있는데 바로 마케팅이다.

현재 필자가 운영하는 주식회사 공간디자인랩에서는 네이버의 모두(modoo) 홈페이지와 스마트 플레이스 등록, 오프라인 현수막 등을 활용해 마케팅 서비스를 제공하고 있으며, 그 외 각종 이벤트 및 할인 혜택에 대한 컨설팅도 제공하고 있다.

프랜차이즈 업체도 이와 유사한 서비스를 제공하고 있지만 프랜차이즈의 특성상 매장 운영 방식에 있어 획일화된 강제성을 띠기 쉽다. 이는 위험요인으로 작용해 역동적으로 변화하는 상권에 적절히 대응하지 못할 위험성도 상존한다. 따라서 프랜차이즈 창업에 대해서는 신중하게 생각하고 결정할 필요가 있다. 프랜차이즈 업체의 경우 인테리어 공사를 외주로 해결하지만 주식회사 공간디자인랩은 다수의 인테리어 공사를 직접 수주하고, 공유 오피스 및 스터디카페를 운영한 경험을 보유하고 있어 축적된 노하우에 따른 차별화된 경쟁력을 갖추고 있다. 이것이 필자가 이 책을 쓰게 된 이유이기도 하다.

우리 주변에는 스터디카페 외에도 공유 오피스, PC방, 무인 커피숍 등 무수히 많은 장치 산업이 있다. 이들 장치 산업은 조금만 신경 쓰면 누구나 어렵지 않게 운영할 수 있다. 다만 안정적인 수익을 지속적으로 창출하려면 타 업체와 비교해 차별화된 경쟁력을 갖춰야 하며 정확한 분석력을 토대로 시장 흐름을 읽을 줄 알아야 한다. 이것은 비단 스터디카페를 비롯한 장치 산업뿐만 아니라 위드 코로나 시대의 창업이 반드시 갖춰야 할 필수 조건이다.

필자는 코로나19가 불러온 대전환의 시대에 창업 시장에서 길을 찾는 독자들에게 도움이 되길 바라며 이 책을 집필했다. 그 어느 때보다도 극도의 불확실성이 팽배해지고 있는 현 시대를 살아가는 독자들에게 이 책이 도움이 되길 기대하며 모두의 건승을 기원한다.

CONTENTS

PART 1 스터디카페에 관한 모든 것

PART 2 스터디카페 인테리어 사례

PART 3 공간디자인 인테리어 홈페이지

study cafe
interior

PART 1

스터디카페에 관한 모든 것

스터디카페 창업, 소자본으로도 가능하다

대다수의 사람들이 창업을 하려면 많은 자본금이 필요하다는 선입견을 갖고 있다. 하지만 실상을 알고 보면 소자본으로 얼마든지 창업을 할 수 있다. 특히 위드 코로나 시대에는 인건비 등 지출을 최소화하고 고정 소비계층을 확보하는 것이 중요한데 스터디카페는 이 2가지 조건을 모두 만족한다. 스터디카페는 프리미엄 독서실에 이어 새롭게 등장한 산업으로, 기존 독서실과의 차이점을 살펴보면 다음과 같다.

독서실과 스터디카페의 차이점

독서실	스터디카페
허가제	임대업 신고제
비과세	과세
지상층만 가능	지하층도 가능
관리 총무 상주	키오스크로 무인 관리 가능
오전 9시~밤 2시 영업	24시간 영업

위의 표에서도 알 수 있듯이 스터디카페는 독서실에 비해 완화된 기준이 적용된다. 하지만 스터디카페 역시 사업 성공을 위해 갖춰야 할 몇 가지 조건이 있다. 그중에서도 가장 핵심적인 3가지 조건을 살펴보도록 하겠다.

첫째, 700m 반경 내에 아파트 단지가 위치하고, 중·고등학생이 많이 거주하는 곳이 좋다. 스터디카페 위치를 선정할 때 역세권 또는 대로변은 크게 고려할 필요가 없다. 다만 스터디카페 근방에서 고객들이 온다고 가정하고 상권 내 중·고등학생들의 거주 현황을 상세히 파악해야 한다. 즉, 스터디카페 700m 반경 내 아파트 단지가 있고, 그 단지 내에 중·고등학생이 얼마나 많이 거주하고 있는지를 파악해야 한다. 학생들이 학교에서 집으로 돌아갈 때 동선상 스터디카페를 거쳐 가는지 여부도 체크해야 한다. 이때 학원 밀집 여부 등도 함께 고려할 필요가 있다.

참고로 프랜차이즈에서는 무조건 대로변이나 비싼 상권을 권하는데, 스터디카페는 브랜드나 좋은 상권을 보고 가는 것이 아니라 본인 집과 동선이 가까운 곳을 선호한다. 따라서 스터디카페를 오픈할 때에는 중·고등학생들의 동선을 고려해 위치를 선정하는 것이 유리하다.

둘째, 임대료가 비싼 곳은 무조건 피하도록 한다. 임대료는 50평을 기준으로 100만~150만 원(평당 2~3만 원) 이상 절대 지불해서는 안 된다. 참고로 평수에 따라 다르지만 프랜차이즈가 권하는 건물의 임대료는 400만~1,200만 원이다. 이런 경우 매출이 아무리 많아도 임대료, 관리비를 제하고 나면 말 그대로 빛 좋은 개살구다. 고객은 700m 반경 내에 있다는 것을 명심하고 최대한 비용을 줄여야 경쟁력이 생긴다.

셋째, 인테리어는 경쟁력 있게 해야 한다. 스터디카페는 장치 산업이기 때문에 위아래 층이나 옆 건물에 후발업체가 생기더라도 경쟁할 수 있는 인테리어를 해야 한다. 즉, 쓸데없는 데드 스페이스를 줄이고, 공부하는 학생들의 니즈를 파악해 인테리어를 해야 한다. 프랜차이즈에서는 당연히 큰 평수를 권한다. 그렇게 해야 가격이 상승해 수수료를 많이 받을 수 있기 때문이다. 그런 이유 때문에 경쟁력이 없는 데드스페이스를 만드는 것을 많이 봐왔다.

한 가지만 예를 들면 스터디카페에 룸을 많이 넣는 경우가 있는데 이것은 경쟁력 있는 인테리어가 아니다. 그것보다는 약간 큰 책상을 넣고 간접조명을 사용해 집중할 수 있는 분위기를 연출해주는 것을 학생들은 더 선호한다. 보통 프랜차이즈에서는 사이즈가 800~1,000mm 정도의 책상을 쓰지만 룸 대신 책상 크기를 1,400mm 정도로 키우면 훨씬 경쟁력이 있다.

스터디카페는 학생들이 공부하는 곳이지 주류를 파는 바가 아니다. 공부할 수 있는 분위기를 만들어주는 것이 가장 중요하며, 그 외에 특별히 신경 써야 할 부분은 없다. 굳이 노하우를 꼽자면 학생들에게 친절하고, 좋지 않은 일이 발생하면 즉시 처리해주고, 깨끗이 청소하는 정도다. 그 외에 자주 환기를 시켜주고, 음료 등 기호식품 비치에 신경을 써주는 것으로 충분하다.

스터디카페 상권 입지 분석 및 수익성

현재 최저임금의 상승으로 사업을 하는 사람들이 가장 큰 부담을 느끼는 것이 인건비다. 하지만 스터디카페는 키오스크로 운영이 가능하기 때문에 상주 인력이 없어도 관리가 가능하다. 게다가 제로금리 시대라 레버리지를 일으켜도 부담이 없고, 2018년 10월 16일부터 새로 개정된 임대차보호법의 보호를 받을 수 있어 더욱 유리한 조건이 형성되어 있다.

현재 임대차보호법 제10조 2항에 따르면 임차인의 계약갱신요구권을 기존 5년에서 10년으로 연장하도록 규정하고 있다. 여기서 갱신되는 임대차계약이란 임차인의 갱신 요구에 의한 갱신, 당사자 합의에 따른 갱신, 묵시적인 갱신을 말하며 모든 경우의 수를 불문하고 개정법 시행일인 2018년 10월 16일 이후 갱신된 계약에는 10년의 계약갱신요구권이 적용된다. 즉, 임대 기간을 충분히 확보할 수 있는 여건이 갖춰져 있다.

스터디카페 상권 입지 분석 및 수익성은 다음의 9가지로 나눠볼 수 있다.

1 스터디카페의 위치는 반드시 아파트 밀집 지역이어야 한다. 스터디카페는 주 고객층이 중·고등학생이므로 학교가 가깝고, 중·고등학생이 많이 거주하는 아파트 밀집 지역 근방에 있어야 한다. 다만 아파트 밀집 지역이라도 작은 평수가 많은 곳은 어린아이들과 노인들만 거주할 수 있으므로

이런 상권은 피해야 한다.

2 스터디카페는 아파트 밀집 지역에 있되 주변에 학교와 학원이 많아야 한다. 예를 들어 공무원 학원, 외국어 학원 등이 가까울수록 좋으며 중·고등학생들의 동선이 겹치는 곳에 위치하는 것이 유리하다.

3 주변에 스터디카페가 있는 곳이 오히려 안정적인 상권일 가능성이 높다. 그 이유는 수요가 많기 때문에 몰려 있는 것이기 때문이다. 물론 경쟁이 치열하고 지나치게 공급이 많은 곳은 피해야 한다.

4 전용 평수로 50평 이상이어야 경쟁력을 가질 수 있다. 공간이 너무 작으면 시험기간에는 고객을 받기가 어렵다. 또한 너무 크면 비수기에 공석이 생길 가능성이 높다.

5 임대료와 관리비가 저렴해야 한다. 예를 들어 서울 근교 신도시일 경우 비역세권의 임대료는 전용 면적당 3만~3만 5,000원, 역세권은 4만~4만 5,000원 이상이 적당하다. 그 이상을 지불하면 경쟁력이 없어지므로 각별히 주의해야 한다.

6 소음이 없어야 한다. 특히 같은 건물에 에어로빅이라든가 음악을 크게 틀어놓고 영업하는 곳이 있으면 무조건 피하는 것이 상책이다.

7 24시간 영업할 수 있는 건물인지 확인을 해야 한다. 특히 낮에는 조용했는데 밤이 되면 시끄러울 수 있으므로 이런 부분도 꼼꼼히 따져봐야 한다.

8 내부 인테리어에 드는 비용은 크게 2가지로 나눌 수 있다. 우선 순수한 인테리어에 들어가는 비용이 있고, 다음으로 공용 비품에 소요되는 비용이 있다. 여기서 공용 비품이란 에어컨, 키오스크, CCTV, 책상, 의자, 외부 간판, 복합기, 멀티 충전기, 담요, 휴지, 물티슈, 종이컵, 티백, 커피머신, 공기청정기 등이 해당된다.

9 냉난방과 조명은 24시간 외부에서도 관리가 가능한 IOT 시스템으로 구축하는 것이 효율적이다.

성공으로 가는 스터디카페 입지 선정 방법

스터디카페 창업 시 입지 선정만 잘해도 절반 이상은 성공한 것이라고 볼 수 있다. 아이템을 선정하는 것 이상으로 입지 선정을 우선시해야 하는데, 그 이유는 사업 성패에 있어 입지만큼 큰 영향을 미치는 것은 없기 때문이다. 따라서 입지를 고를 때에는 주요 사항을 정리한 뒤 꼼꼼히 체크할 필요가 있다.

스터디카페가 갖춰야 할 입지 조건을 살펴보면 다음과 같다.

1 노인 인구 비율이 비교적 낮고 중·고등학생이 거주하는 세대수가 확보되어 있어야 한다.

2 중·고등학생들의 접근성이 좋아야 한다. 특히 학원과 학교가 몰려 있는 곳이 좋다.

3 소음이 없어야 한다. 주위에 음악을 크게 켜는 에어로빅 등과 같은 시설이 있으면 무조건 피해야 한다.

4 평당 임대료는 3만~3만 5,000원 정도가 경쟁력이 있다. 임대료가 비싼 번화가나 대로변이라고 해서 시간당 사용료를 더 받는 것이 아니다. 학생들은 스터디카페 반경 1km 내에서 온다는 점을 기억해야 한다.

5 지역 선정 분석, 인구 분석을 통해 중·고등학생 및 고시생, 취업 준비 인구가 충분한지를 파악해야 한다.

6 주위의 세대수, 초·중·고등학교 수, 학원 밀집 여부를 확인해야 한다.

7 동선상 학생들의 통행이 잦은 곳에 위치해야 한다.

8 학생들이 잘 보이는 곳에 스터디카페가 위치한 것이 좋다.

9 주위에 학생 수 대비 몇 개의 스터디카페가 근접해 있는지 확인해야 한다. 경쟁 업체가 비교적 적은 곳이 좋으며, 학생 수가 많은 학원가나 학교 밀집 지역이라도 스터디카페가 이미 여러 개 있다면 피해야 한다.

10 내가 먼저 선점해 좋은 지역에 들어갔다고 하더라도 추후 후발업체가 들어올 경우를 대비해 경쟁력 있게 스터디카페를 꾸며놓아야 한다.

11 경쟁 업체가 많이 있고 브랜드 스터디카페가 몰려 있어도 기존 스터디카페의 시설이 올드하다면 경쟁회사 스터디카페의 학생들을 흡수할 수 있다.

12 경쟁 업체가 많은 곳은 비교적 올드한 곳이 많다. 경쟁 업체보다 더 크고 화려하게 인테리어를 하면 경쟁력을 가질 수 있으며, 내부 설계 또한 학생들의 니즈에 맞춰 유행하는 현대적인 디자인을 해야 한다.

13 남녀 화장실은 스터디카페가 독립적으로 사용하되, 가급적 스터디카페 내부에 화장실이 있는 것이 좋다.

이상의 13가지 입지 조건에서 스터디카페의 성패에 가장 큰 영향을 미치는 변수를 3가지로 압축하면 다음과 같다.

1 근방에 대단위 아파트 단지가 있어야 한다.

2 아파트 단지 상가에 학원이 밀집되어 있어야 한다.

3 대단위 아파트 단지 주위에 반드시 초·중·고등학교가 있어야 한다.

스터디카페 키오스크의 모든 것

키오스크란 컴퓨터화된 자동화 기기를 통칭하는 말이다. 키오스크는 개방된 장소에서 멀티미디어 기술을 이용해 별도의 관리자 없이도 무인 운영이 가능하도록 지원하는 시스템이며 사용자들의 물품 구매, 발권, 등록, 정보 획득 등을 처리한다.

키오스크는 모든 산업 분야에 적용이 가능하며 365일 24시간 동안 서비스를 제공할 수 있다. 대표적인 사례 몇 가지를 소개하면 은행의 CD, ATM, 자판기, 롯데마트 푸드 코트, 요식업 식권 발매기, KTX 철도 승차권 발매기 등을 들 수 있다. 그렇다면 스터디카페에서 사용하는 무인 키오스크는 어떤 기능을 할까?

스터디카페 키오스크는 근무자가 상주하지 않아도 모바일 시스템과 양방향 무인 키오스크를 연동시켜 24시간 동안 운영을 할 수 있도록 지원한다. 스터디카페에서 사용하는 키오스크는 이용권 결제부터 입·퇴실 체크, 자동문 출입 제어 등이 가능하며 키오스크에서 결제한 회원 정보를 서버에 등록해 현재 좌석 현황, 월별 매출, 주별 매출, 일별 매출까지 파악할 수 있다. 또한 IOT 시스템으로 좌석의 점등과 점화까지 컨트롤이 가능하다.

스터디카페 키오스크를 선택할 때에는 몇 가지 사항을 고려해야 하는데 구체적인 내용은 다음과 같다.

1 에러 발생률이 적은 안정적인 프로그램이어야 한다.

2 현금 & 카드 겸용 모델을 추천한다. 카드가 없는 학생이 더러 있기 때문에 현금 결제가 되는 키오스크를 사용하는 것이 좋다. 현금 결제 겸용 키오스크에는 현금 회수 및 잔고 관리를 해주는 기능이 있어야 한다.

3 지속적으로 프로그램이 업데이트되고 안정적인 AS가 가능한 업체인지 확인하도록 한다. 특히 국내에 자체 생산 공장이 있으며, 회사가 직접 제품을 개발하고 제조하는 곳이 좋다. 지속적으로 프로그램을 업데이트하기 용이하고 안정적인 서비스가 가능하기 때문이다.

스터디카페 사업자 등록 방법

스터디카페 사업자 등록은 온라인과 오프라인에서 모두 가능하며, 온라인으로 등록할 때에는 홈택스를 이용하면 된다. 오프라인의 경우 직접 세무서에 방문해야 하는데, 여기서는 오프라인 등록 방법을 소개하도록 하겠다.

세무서에 방문해 사업자 등록을 할 때에는 대표 신분증과 임대차 계약서, 사업자 등록 신청서(세무서 구비)를 준비해야 한다. 신청서 작성 시 업종 코드를 기재해야 하는데 스터디카페의 사업자 등록은 건물이 임차일 경우와 자가일 경우에 따라 달라진다.

부동산을 임차해 전대 또는 전전대에 따른 수입일 경우 업종 코드는 701300이며, 건물이 자가일 경우에는 930925를 기재한다. 업태는 서비스로 표시하며, 종목은 공간 임대업, 스터디카페, 둘 중 아무거나 써도 무관하다.

스터디카페에서 음식을 판매한다면 식품 영업 신고서와 대표자 신분증, 위생 교육 필증, 건강진단 결과서를 지참해 관할 구청 보건위생과에 방문해 신고를 해야 한다. 신고증은 바로 발급이 가능하며, 30일 이내 현장조사를 나올 수 있다. 건강진단서의 경우 관할 보건소에서 검사를 받은 뒤 4~5일 뒤에 받아볼 수 있다. 위생 교육 필증은 위생 교육 수료 시 교부받는 수료증을 말한다. 위생 교육은 의무 교육에 속하며, 교육기관은 한국외식업중앙회(03-6191-2902)로 연락하면 자세히 안내해준다.

한편 스터디카페 역시 세금이 부과되는데 간이과세자, 일반과세자 중 어느 것이 유리한지는 사업 형태에 따라 달라진다. 간이과세자란 연매출이 8,000만 원에 미달하는 개인사업자들을 말한다. 단, 면세사업자, 법인사업자는 간이과세에 적용이 되지 않으며 부동산 임대업과 과세 유흥장소를 운영하는 사업자 중 매출이 연 4,800만 원 미만인 경우에만 간이과세자가 될 수 있다.

간이과세자 제도를 두는 이유는 영세한 사업자들의 부가가치세 부담을 줄여주어 초기 사업을 원활하게 해주기 위해서다. 또한 세금 신고를 하는 데 어려움을 겪는다고 보아 부가가치세 신고는 1년에 한 번만 하도록 규정하고 있다. 이때 1년 동안 매출액이 4,800만 원 미만이면 부가가치세 납부 의무를 면제해준다. 이것은 내가 운영하는 사업장의 매출이 한 달에 대략 400만 원이 넘지 않는다면 세금 납부에 대한 부담을 덜 수 있다는 것을 의미한다. 즉, 소규모로 사업을 준비하고 있다면 일반과세자보다 간이과세자가 유리하다. 간이과세자와 달리 일반과세자의 경우에는 1년에 두 번 부가가치세 신고를 해야 한다.

스터디카페 마케팅 비법

마케팅을 한마디로 요약하면 고객에게 상품 및 서비스를 제공하는 것과 관련된 모든 경영(영업) 활동이라고 할 수 있다. 이것을 스터디카페 마케팅에 대입하면 스터디카페 영업이익의 극대화를 위한 모든 활동을 의미한다.

필자는 스터디카페의 영업이익을 높이기 위해서는 공부하는 학생들의 니즈를 파악하는 것이 무엇보다 중요하다고 본다. 그러기 위해서는 마케팅믹스 4P, 즉 Price(가격), Place(유통), Product(제품), Promotion(촉진)을 활용하여 최대한의 이익을 창출할 줄 알아야 한다.

스터디카페의 영업이익을 극대화하기 위한 마케팅 전략은 스터디카페의 진입장벽을 높이는 것에 있다. 스터디카페는 장치 산업(시설 산업)에 속하기 때문에 이미 모든 노하우가 대중에게 공개되어 있다. 이러한 시장 환경에서 살아남으려면 경쟁 업체와는 구별되는 차별화 전략이 있어야 한다. 즉, 차별화를 통해 경쟁 업체가 따라올 수 없는 경쟁력을 갖춰야 하며, 이것이 경쟁에서 살아남을 수 있는 유일한 길이다. 그렇다면 어떻게 해야 경쟁력을 갖출 수 있을까?

필자가 운영하는 주식회사 공간디자인랩(성공드리미)은 인테리어부터 타 업체와 구별되는 노하우를 축적하고 있다. 스터디존과 카페존(노트북존), 집중존, 카페테리아존, 푸드존 등의 동선을 배치하는 데 있어 차별화된 노하우를 갖고 있는 것은 물론 책상 크기, 수납 공간, 시디즈 의자(서울대 납품 의자) 등의 집기를 활용해 공부에 최적화된 공간을 연출할 수 있는 노하우를 보유하고 있다. 그 밖에 홍보를 위한 마케팅 전략도 구축하고 있어 창업 성공을 위한 실용적이면서도 필수적인 노하우를 다양하게 갖추고 있다. 그중에서도 경쟁력을 높이기 위한 필수 마케팅 전략에 대해 소개하면 다음과 같다.

오프라인에서 스터디카페를 창업했다면 온라인에서도 스터디카페를 창업해야 한다. SNS 마케팅이 선택이 아닌 필수가 된 오늘날 오프라인에 가게를 창업했다면 반드시 온라인에서도 홍보 및 광고가 이루어져야 경쟁력이 생긴다. 특히 스터디카페는 지역 사업인 데다 광고 범위가 넓지 않기 때문에 반드시 SNS를 활용해야 한다. 이때 필수로 만들어야 하는 채널이 네이버 모두 홈페이지와 스마트 플레이스다.

먼저 네이버가 제공하는 모두 홈페이지에 대해 살펴보면, 이 서비스의 특징은 모든 것이 무료라는 점에 있다. 도메인 비용은 물론 호스팅 비용, 유지비마저 모두 무료인 데다 네이버 60%, 구글 30%, 검색 포털에서는 90%까지 장악이 가능하기 때문에 반드시 활용해야 한다.

두 번째인 네이버 스마트 플레이스는 지도에 업체 정보가 등록되면 업체 정보와 연결해 전화 추적, 채팅 상담(톡톡), 네이버 예약 등이 가능해 보다 효율적이고 효과적으로 업체를 홍보할 수 있다. 또한 모두 홈페이지처럼 모든 서비스가 무료이기 때문에 부담 없이 활용할 수 있다.

주변에 스터디카페를 창업한 경쟁자가 많을수록 마케팅에 사활을 걸어야 살아남을 수 있다. 따라서 오프라인에서 인테리어 공사를 진행하는 동안 네이버 모두 홈페이지, 스마트 플레이스 등 SNS를 활용한 홍보 전략을 세우는 것은 물론, 오프라인 현장에서도 현수막 등으로 오픈 사실을 알리는 등의 노력이 필요하다.

그 밖에 학교 앞에서의 전단지 배포, 오픈 시 등록하는 학생을 대상으로 한 반값 할인 이벤트, 친구에게 소개해 등록시킨 학생을 위한 한 달 무료 이벤트, 스터디룸 할인 행사, 정기권 할인 행사 등 다양한 할인 이벤트 등을 통해 충성 고객을 확보하기 위한 노력을 기울여야 한다.

한편 주식회사 공간디자인랩(성공드리미)에서는 계약과 동시에 차별화된 마케팅 전략으로 스터디카페의 진입장벽을 높이고 있다. 먼저 3D로 구현한 네이버 모두 홈페이지 및 스마트 플레이스를 무료로 제작해 제공하고 있으며, 전문 사진기사를 동원해 스터디카페 곳곳을 촬영한 뒤 파워블로그에 올리는 홍보 서비스도 제공하고 있다. 그 밖에 유튜브용 동영상을 제작해 공간디자인 유튜브 채널에 업데이트하는 등 타 업체와 구별되는 차별화된 마케팅 서비스를 제공함으로써 경쟁력 있는 스터디카페를 만들고 있다.

스터디카페 후발업체 창업, 이렇게 하면 성공할 수 있다

현재 스터디카페 시장 현황을 살펴보면 중·고등학생이나 수험생이 모여 있는 지역에는 우후죽순 격으로 스터디카페가 생겨나고 있다. 그러다 보니 스터디카페 창업을 망설이는 분들이 많은 것이 사실이다. 하지만 틈새시장을 활용하거나 경쟁력을 갖춘 곳에 스터디카페를 창업하면 선발주자보다 경쟁 우위를 선점할 수 있으며, 큰 수익을 내는 것도 가능하다. 물론 후발업체로서 선발업체보다 앞서 나가려면 몇 가지 조건을 충족해야 하며, 이것은 스터디카페가 몰려 있는 곳과 그렇지 않은 지역에 따라 달라진다.

우선 첫 번째로 스터디카페 수요가 많은 아파트 밀집 지역이나 대학교 근처 또는 중·고등학교, 학원이 근접 거리에 있는 좋은 입지에는 이미 근방에 경쟁 업체가 많이 들어와 있을 것이다. 그런 지역에 스터디카페를 창업할 경우 먼저 기존의 스터디카페를 모조리 방문해 평수 및 인테리어 상태를 시장조사한 뒤 데이터를 작성해야 한다. 이후에는 기존의 스터디카페보다 경쟁 우위를 확보하면 된다. 그렇다면 어떻게 해야 경쟁 우위를 선점할 수 있을까?

우선 기존의 스터디카페보다 평수가 더 넓어야 하며, 인테리어도 화려해야 한다. 그 밖에 더 큰 책상을 비치하고, 방음과 환기 등에 신경 써 보다 쾌적하고 집중할 수 있는 환경을 조성해야 한다.

반면 영업 중인 스터디카페가 없는 곳에 창업을 할 때에는 스터디카페 밀집 지역과는 다른 진입 전략을 세워야 한다. 우선 위치 선정을 할 때에는 내가 관심 있는 지역 반경 1km 내에 스터디카페가 없는지를 확인해야 한다. 네이버 지도를 이용하면 현재 영업 중인 스터디카페 위치가 상세히 나오므로 화면 우측에 위치한 자 모양의 탭을 클릭해 거리를 계산하면 된다. 그 이후에는 다른 업체가 진입을 못 하도록 경쟁력 있게 인테리어를 하면 된다.

한편 스터디카페는 창업 노하우가 시장에 모두 공개되어 있어 프랜차이즈 업체에 가입을 하지 않아도 누구나 창업을 할 수 있다. 그 때문에 프랜차이즈 가맹본부의 경영이 어렵다는 이야기도 나오고 있다.

사실 프랜차이즈 업체는 지속적으로 물류나 영업 노하우를 제공하고 수익을 발생시켜 그 수익으로 회사를 운영해야 하므로 고정적인 물류 수입이 없으면 당연히 어려울 수밖에 없다. 하지만 브랜드 있는 프랜차이즈 스터디카페라고 해서 먼 거리에서 버스를 타고 올 학생은 한 명도 없다. 스터디카페의 수요는 해당 지역의 반경 1km 내에 있다. 따라서 지속적으로 수익을 발생시키지 못하면 회사를 운영할 수 없는 프랜차이즈는 이 부분이 약점이 될 수밖에 없다. 즉, 프랜차이즈는 인테리어 회사에 하청을 주고 키오스크, CCTV, 에어컨 등의 집기를 판매하는 업체를 연결해 수익을 발생시켜야 운영이 가능하기 때문에 비용을 과도하게 책정하기가 쉽다.

반면 창업자 입장에서는 바로 이 부분에서 경쟁력을 확보할 수 있다. 스터디카페는 장치 산업(시설 산업)이기 때문에 인테리어가 경쟁력의 원천이다. 따라서 인테리어 비용을 줄이는 것이 곧 경쟁 우위를 선점하는 첫걸음이다.

그렇다면 스터디카페의 인테리어 비용을 어떻게 줄여야 할까? 공사 비용을 줄이려면 사전에 추가 비용이 들어갈 만한 부분을 점검하는 것이 중요하며 구체적인 내용은 다음과 같다.

임차를 구할 때 주의할 점

1 화장실은 단독으로 사용할 수 있나?

단독으로 사용할 수 없으면 화장실 신설 공사를 해야 하므로 화장실 단독 사용 여부를 체크한다.

2 철거량은 얼마나 되는가?

철거량이 많으면 별도의 철거 비용이 필요하다. 특히 천장에서 석면 텍스가 나오는 경우 철거량이 많아지며, 이에 따라 별도의 철거비가 청구된다. 석면 텍스가 나올 경우 환경법 강화로 석면 폐자재 처리 비용도 부담해야 하며, 구청 신고 절차로 공사가 지연될 수 있으므로 반드시 체크해야 한다.

3 철거 후 보수할 곳이 많은가?

철거 이후 건물에 보수할 곳이 많으면 이 역시 추가 비용이 들어간다.

4 엘리베이터가 있는가?

스터디카페의 위치가 2층 이상이라면 엘리베이터가 있어야 유리하다. 만약 엘리베이터가 없다면 고객 확보에 실패할 확률이 크다.

5 전기는 충분한 용량이 들어와 있나?

전기 용량이 모자라면 증설을 해야 하므로 이 역시 비용이 추가된다.

6 에어컨 실외기를 놓을 곳이 멀리 떨어져 있는가?

에어컨 동관 길이에 따라 에어컨 설치 비용이 추가되므로 이 부분도 점검하도록 한다.

7 건물이 반듯하지 않고 모난 건물인가?

모난 건물은 데드스페이스도 많이 나올 뿐만 아니라 인테리어도 예쁘게 나오지 않으므로 가급적 지양하는 것이 좋다.

한편 인테리어 회사를 선정할 때에도 전략이 필요하다. 인테리어 회사를 잘 선정해야 비용을 줄이고 경쟁력을 확보할 수 있기 때문이다. 따라서 가성비 있는 공사를 하는 인테리어 회사를 선정하는 것은 너무나 중요하며, 인테리어 회사를 결정할 때 고려해야 할 점은 다음과 같다.

1 공사비가 터무니없이 비싸거나 너무 싼 가격을 제시하는 인테리어 회사는 의심할 필요가 있다. 평당 얼마라고 가격을 제시하는 업체도 조심해야 한다. 스터디카페의 인테리어에서 평당 얼마라는 가격은 존재할 수 없기 때문이다. 모든 인테리어 비용은 품질, 품목에 따라 다르며 고객과의 논의 후 상세 견적서를 낸 후에야 평당 가격이 나온다.

2 스터디카페 공사 경험이 많은지 확인한다.

3 회사 내에 스터디카페를 디자인할 전문 디자이너가 있는지 확인한다.

4 인테리어 회사 사무실도 찾아가보고, 스터디카페를 직접 시공한 현장도 함께 방문한다.

5 실내공사건축업 면허가 있는 업체인지 확인한다.

실내공사건축업 면허를 받기 위해서는 건축물대장상 사무실 용도의 사무실을 보유하고 있어야 하며, 회사 내에 자격증 보유 기술자 2명 이상이 직원으로 근무하고 있어야 한다. 또한 회사 통장에 자본금 1억 5,000만 원을 항상 보유하고 있어야 하며, 실내건축협회인 전문건설공제조합에 출자금 5,000만 원을 예치해놓아야 한다. 이 조건에서 한 가지라도 기준이 미흡할 경우 면허를 등록할 수 없으며, 1년에 한 번씩 잘 유지되고 있는지 실내건축 면허 자격요건 진단을 받아야 한다.

참고로 관공서와 큰 기업의 경우 면허를 소지하지 않은 기업은 입찰을 할 수 없다. 인테리어 회사에 실내공사건축업 면허가 없으면 불법 공사가 되며, 이를 신고하면 인테리어 회사는 형사 제재를 받으므로 각별히 주의해야 한다.

주식회사 공간디자인랩의 특징과 장점

1 주식회사 공간디자인랩은 실내공사건축업 면허 취득 업체로서 상표 등록을 한 온라인 스터디카페 프랜차이즈 가맹본부 '성공드리미(성공을 꿈꾸다)'를 운영하고 있다.

2 ISO 인증, 실내공사건축업 면허를 보유해 인테리어 시장에서 검증받은 업체다.

3 회사 내 1톤 화물차 7대가 대기하고 있어 AS 등이 생겼을 때 신속하게 대응하고 있다.

4 1만여 개 이상의 인테리어 공사를 진행했으며, 직접 디자인하고 공사한 경력으로 경쟁력 있는 노

하우를 갖고 있다.

5 특히 스터디카페의 공사 경험이 많으며 모던 스타일 인테리어, 럭셔리한 인테리어를 지향한다. 스터디존, 카페존, 집중실, 책상 배치, 집기 배치 등의 동선이 표시된 평면도를 제공하며 그 밖에 방음 공사, 마케팅, 영업 관리, 키오스크 및 주출입구 앱 개폐 자동문, 후발업체 대응 등 관리 시스템 및 운영 노하우도 전수하고 있다.

6 계약과 동시에 3D 디자인을 네이버 모두 홈페이지에 업데이트해 광고 서비스를 제공하고 있다.

7 오픈 전, 학생들에게 미리 예약을 받을 수 있도록 네이버 모두 홈페이지에 오픈 사실을 알리는 광고를 게재한다.

8 주위에 먼저 들어와 영업을 하고 있는 스터디카페를 방문한 후 경쟁 스터디카페보다 경쟁력 있는 인테리어를 기획한다(예를 들어 기존 스터디카페의 책상 크기가 1,000×600mm라면 조금 더 크게 1,200×600mm로 한다).

9 후발업체의 경우 경쟁 우위 전략, 즉 원가 우위 전략, 차별화 전략, 집중화 전략으로 기존 스터디카페보다 경쟁 우위에 있는 스터디카페를 만들어드리고 있다.

스터디카페 성공 창업을 위한 5가지 비밀

다음 내용은 스터디카페를 창업할 분들은 물론이고, 앞으로 창업을 꿈꾸고 있는 분들에게도 도움이 되는 내용이다. 따라서 스터디카페가 아니더라도 창업을 계획하고 계신 모든 분들에게 일독을 권한다. 스터디카페 성공 창업을 위한 5가지 비밀은 다음과 같다.

1. 4차 산업기술을 활용하라

증기기관으로 시작된 산업혁명은 2차, 3차 혁명을 거쳐 4차 혁명에 이르렀고 각 산업혁명 시기에 발명된 기술은 정치, 경제, 사회, 문화 등에 지대한 영향을 미쳤다. 1차 산업혁명 이후 인류의 에너지 사용량은 폭발적으로 증가했고, 2차 산업혁명이 일어나면서 대량 생산 방식이 보편화되기에 이르렀다.

3차 산업혁명 시기에는 컴퓨터와 인터넷이 등장하며 정보화 사회가 도래했으며, 정보화 시대의 변화에 기민하게 대처한 일부 사람들은 막대한 부를 쌓은 반면 빈부 격차는 심화되었다.

현재는 4차 산업혁명 시기로, 전례 없이 빠른 속도로 기존의 산업 시스템이 바뀌고 있다. 그 변화 속도는 비단 한 국가뿐만 아니라 세계 경제의 모든 시스템이 거대한 변환을 앞두고 있다는 것을 예고하고 있다.

오늘날의 4차 산업혁명을 견인하는 기술은 사물인터넷, 빅데이터, 블록체인, 인공지능, 로보틱스, 3D프린팅, 가상현실, 증강현실 등이며 이는 셀 수 없이 많은 분야에서 응용되고 있다. 스터디카페 역시 4차 산업혁명 기술이 적용된 사업으로 키오스크를 이용해 사람이 상주하지 않아도 무인으로 관리가 가능하다.

2. 자료 수집 및 전문가의 조언에 귀를 기울여라

4차 산업기술을 활용하는 것도 중요하지만 스터디카페의 운영과 관련해 자료를 수집하고 전문가의 조언을 듣는 것도 중요하다. 이 역시 성공 창업을 위한 전략이며, 시간과 노력을 들이지 않고 성공적으로 사업을 일으키는 경우는 세상 어디에도 없다는 것을 알아야 한다.

3. 예산을 확보하라

어떤 종류의 창업이든 내가 투자할 수 있는 한도 내에서 예산을 수립하는 과정이 필요하다. 스터디카페는 장치 산업(시설 산업)이기 때문에 인테리어에 가장 많은 예산이 필요한데, 경쟁력을 갖추기 위해서는 비용을 줄이는 것이 중요하다. 따라서 스터디카페 공사 경험이 많은 인테리어 전문가와 상의해 가성비 있는 예산을 수립해야 하며, 공사 가격이 너무 비싸거나 반대로 너무 싸도 의심해볼 필요가 있다.

4. 즉시 실행하라

앞서 살펴본 3가지 과정의 핵심 가치에 입각해 어느 정도 준비가 됐다면 즉시 실행에 옮겨야 한다. 과거에는 "10년이면 강산도 변한다."라는 말이 있었지만 4차 산업혁명 시대에는 '1년이면 강산이 변한다'고 해도 전혀 틀린 말이 아니다. 준비만 하느라 우물쭈물하다 보면 다른 사람들은 벌써 2호점, 3호점을 창업하는 경우가 허다하다. 필자는 즉시 실행하는 사람들이 누구보다도 앞서서 상당한 기반을 닦고 더 큰 규모로 확장하는 것을 무수히 많이 봐왔다.

5. 창업 후 꾸준히 관리하라

성공의 사다리를 오르기 위해서는 스터디카페를 창업했다고 거기서 끝나는 것이 아니다. 내가 창업한 스터디카페의 강점과 약점을 찾아 약점은 보강을 하고, 강점은 더욱더 극대화해야 사업에 성공할 수 있다. 그러기 위해서는 우선 확보한 고객을 놓치는 실수를 하지 말아야 하며 노하우를 축적해 2호점, 3호점으로 확장해야 한다.

가성비 좋은 스터디카페 만들기

스터디카페 창업 시 입지 선정부터 임대료 및 매입 비용, 인테리어 공사에 이르기까지 모든 과정에는 '비용'이 필요하다. 따라서 가성비 있는 예산 집행 계획을 세우는 것이 중요하며, 효율적으로 예산을 운용하기 위해서는 창업 단계에서부터 여러 가지 조건들을 꼼꼼히 체크해야 한다.

입지 선정부터 인테리어 공사까지 가성비 있는 예산 운용을 위해 체크해야 할 점을 정리하면 다음과 같다.

첫째, 입지 조건

1. 중·고등학생이 많은 아파트 대단지가 근접해야 한다.
2. 중·고등학교가 근처에 있는 학원 밀집 지역이면 아주 좋다.
3. 대학교 근처 주거 지역이 겹쳐 있는 곳 역시 좋은 입지다.
4. 근처에 넓고 세련된 스터디카페가 없는 곳이 유리하다.
5. 주변 아파트나 주택에 중·고등학생 연령대가 많을수록 좋다.
6. 주위에 소음을 일으키는 유해업소가 없어야 한다.

둘째, 가성비 있는 사무실 임대료와 매입 비용

1. 온라인 앱을 충분히 활용한다. 부동산 앱 네모, 직방, 덕방, 다방, 네이버 부동산에서 임차나 매입 매물을 알아본다. 검색하기 편리하게 세분화되어 있어 누구나 쉽게 매물을 찾을 수 있다.
2. 임대 물건이나 매매 물건을 찾았다면 임장을 한다. 임장을 간 뒤 해당 지역의 오프라인 부동산을 방문해 스터디카페로 할 만한 곳을 물색한다.
3. 오프라인에서 최대한 발품을 많이 팔아 경쟁력 있는 임대 물건이나 매매 물건을 찾는다.
4. 건물 내부 및 주위 환경을 체크한다.
   - 건물 내에 과도하게 철거, 복구해야 할 철거물들이 많은가?
   - 화장실은 근접 거리에 있나?
   - 환기는 어떠한가?
   - 근접한 거리에 유해한 업소(헬스클럽, 당구장, 노래방, 소음을 일으키는 공장 등)는 없는가?

셋째, 가성비 있는 인테리어 회사 선정하기

이해를 돕기 위해 다음 페이지의 도표에서 '성공드리미'라는 프랜차이즈를 보유하고 있는 주식회사 공간디자인랩과 일반 중저가 '프랜차이즈' 업체 간의 가성비를 비교했다.

성공드리미와 타 프랜차이즈 스터디카페의 경쟁력 비교

구분	온라인: 프랜차이즈 가맹본부	온라인:성공드리미(프랜차이즈 브랜드) 오프라인: 주식회사 공간디자인랩
가맹비	500만 원 내외	없음
교육비	300만 원 내외	없음(필요 시 노하우 무료 제공)
로열티	매출의 월 4~5%/월 50만 원 내외	없음
보증금	1,000만 원(일부 프랜차이즈)	없음
최초 계약 기간	3년(수수료 & 인테리어 업그레이드 요구)	없음(무기한)
계약 연장	2년(수수료 & 인테리어 업그레이드 요구)	없음(무기한)
방음	미흡(시선 차단 수준)	30년 노하우로 철저한 방음 공사
브랜드	있음	있음: 성공드리미(성공을 꿈꾸다)
인테리어 차별화	나열하듯 전국이 대동소이한 인테리어	시대에 맞지 않은 획일적인 공간을 거부하고 시대에 맞는 주식회사 공간디자인랩의 경쟁력 있는 차별화된 감각적인 맞춤 인테리어
인테리어 비용	품질, 옵션, 가격 선택권이 없으며 일률적인 고정적 가격	품질, 옵션, 가격에 따라 경쟁력 있는 차별화된 인테리어를 할 수 있다.
미래가치	장치 산업(시설 산업)으로 시설 선택권은 치명적 사업 실패로 이어질 수 있다. 주위에 더 크고 화려한 스터디카페가 생길 경우 경쟁력, 차별화 부족으로 사업이 어려워지는 것은 뻔한 사실이다.	10년이 지나도 경쟁력 있는 디자인을 생각하고 고민한다.
비전1	불확실	주식회사 공간디자인랩이 공사한 성공드리미 파트너사가 전국에 300여 개가 되면 스마트 워크를 하는 수많은 대기업, 예를 들면 보험회사와 가맹을 맺어 전국에 있는 성공드리미 파트너사에 가서 업무를 볼 수 있는 네트워크를 할 예정이다.
비전2	불확실	주식회사 공간디자인랩이 공사한 성동드리미 파트너사가 전국에 300여 개가 되면 온라인 교육 콘텐츠를 판매 및 교육할 예정이다.

스터디카페 창업 성공 전략

전략이란 목표를 달성하기 위해 내가 꼭 해야 하는 가장 효과적이면서도 효율적인 방법을 말한다. 전략이 필요한 이유는 자원은 유한한 반면, 경쟁자는 무한하기 때문이다. 전략을 잘 세워야만 경쟁에서 살아남을 수 있다. 즉, 내가 갖고 있는 자원을 전략적으로 사용하는 것은 창업 성공을 위해 무엇보다 중요하다.

첫째, 예산을 확보하라!

전략을 세울 때 가장 신중하게 접근해야 할 부분이 예산과 관련된 사안이다. 창업을 하려면 우선 내가 투자할 수 있는 예산을 수립해야 하는데, 스터디카페 창업 시 가장 큰 비용이 들어가는 것이 인테리어 비용이다.

인테리어 비용은 모든 분야에 옵션이 적용되는 데다 품질에 따라 나뉘기 때문에 정해진 가격은 없다. 순수 인테리어 비용에는 내부 인테리어 공사와 책상, 사물함, 싱크, 싱크 하단 분리수거함, 내부 간판 등이 포함된다. 인테리어 비용은 중저가 체인점의 경우 평당 200만 원 정도를 받고 있다. 단, 각 회사마다 장단점을 잘 따져봐야 한다.

참고로 품질과 관련해서 프랜차이즈는 절대 손해 보는 장사를 하지 않는다는 점을 알아두면 좋다. 제외 공사는 회사마다 조금씩 다르나 에어컨, 의자, 키오스크, 외부 간판, 철거, 소방 공사, 화장실, 사물함 등이 있다. 한편 계약 시 건물에 과도한 부채가 있는 곳은 피해야 한다.

둘째, 인테리어 회사는 신중하게 선택하라

스터디카페 창업 시 가장 중요한 것은 인테리어 회사를 선정하는 일이다. 제대로 된 인테리어 회사를 선택하려면 가장 먼저 공사를 잘할 수 있는 시스템이 갖춰져 있는 회사인지 확인해야 한다. 예를 들어 스터디카페 공사 경험이 많은지, 내부 직원이 몇 명이나 있는지는 필수적으로 확인해야 하며, 홈페이지 및 블로그를 5년 이상 운영하고 있는지도 체크해야 한다.

그 밖에 건설업등록증 보유 여부를 확인해야 하는데, 현행 건설산업기본법에 따르면 실내장식 면허 없이 1,500만 원 이상의 공사를 진행하면 5년 이하의 징역, 5,000만 원 이하의 벌금형을 받으므로 주의해야 한다.

어떤 사업을 하든지 소비자의 니즈를 알아야 성공할 수 있으며, 그것은 스터디카페도 마찬가지다. 가령 고객들이 스터디카페를 방문하면 가장 먼저 묻는 말이 "여기 방음 잘되나요?"다. 그만큼 방음은 스터디카페의 경쟁력에 매우 큰 비중을 차지한다. 따라서 방음과 관련된 기술력을 가진 업체에 인테리어 공사를 맡기는 것이 좋다. 참고로 필자가 운영하는 주식회사 공간디자인랩은 노래방 500여 개 및 다수의 녹음실을 시공한 바 있으며, 저렴하게 방음 처리를 할 수 있는 노하우를 가지고 있다.

스터디카페는 장치 산업(시설 산업)이기 때문에 인테리어가 마케팅의 전부라고 해도 과언이 아니다. 다만 창업 시 인테리어를 경쟁력 있게 할 수 없다면 올드한 스터디카페가 많은 지역을 선정하는 것도 한 방법이다. 하지만 추후 크고 시설이 좋은 스터디카페가 후발업체로 들어올 가능성이 있으므로 리스크 관리를 위해 선택과 집중을 할 필요가 있다.

많은 사람들이 스터디카페를 찾는 이유

시장조사 전문기업 엠브레인 트렌드 모니터는 최근 전국의 만 19~59세 성인 남녀 1,000명을 대상으로 '나 홀로 공간'을 찾는 현대인들과 관련한 설문조사를 실시한 바 있다. 조사 결과, 혼자 다양한 활동을 즐기는 차원을 넘어 다른 사람들의 시선과 외부의 방해로부터 벗어난 공간에서 '혼자' 시간을 보내고 싶어 하는 사람들이 많은 것으로 조사되었다. 즉, 전체 10명 중 8명(78.8%)이 평소 혼자만의 공간이 필요하다는 생각을 하고 있었으며, 특히 젊은 층일수록 필요성을 크게 느끼는 것으로 나타났다.

아래의 조사 결과를 보면 알 수 있듯이 현대인들은 혼자서 조용히 공부하고 싶어 하는 욕구를 가지고 있으며, 그러려면 소음 등 외부의 방해를 받지 않고 혼자 있을 수 있는 '공간'이 필요하다. 이것을 스터디카페에 대입해 적용하면 경쟁력 있는 인테리어를 위한 가이드라인을 얻을 수 있다.

출처 시장조사 전문기업 엠브레인 트렌드 모니터

첫째, 방음에 신경 써야 한다

방음이란 소음을 방지하기 위해 흡음이나 차음재를 사용해 음의 전파를 차단하는 것을 말한다. 특히 외부와의 음의 교류를 차단하는 것이 중요하므로 공기가 통하는 창문이나 벽 등을 스티로폼이나 실리콘으로 꼼꼼하게 막아주는 작업이 필요하다.

둘째, 자리마다 칸막이와 집중하기 좋은 조명을 설치해줘야 한다

높은 집중력을 이끌어내기 위해서는 너무 화려하게 인테리어를 하기보다는 공부에 집중할 수 있는 분위기를 만들어줘야 한다. 스터디카페는 어디까지나 공부하는 곳이라는 점을 염두에 두어야 한다.

셋째, 쾌적한 환경을 제공해야 한다

장시간 실내에서 공부하려면 온도와 습도도 중요하다. 쾌적한 환경을 만들기 위해서는 기본 환기 시설과 함께 공기청정기도 곳곳에 배치해 순환을 시켜주는 것이 중요하다. 주변 환경이 쾌적해야 집중력도 상승한다.

넷째, 스터디존과 카페존은 공간을 분리해놓아야 한다

스터디존은 조용히 집중해서 공부할 수 있는 공간을 말하며, 카페존은 카페처럼 노트북 타이핑도 가능하고 대화하면서 공부할 수 있는 공간을 말한다. 두 공간이 분리되지 않을 경우 집중하는 데 방해가 되므로 공간을 구분해두어야 한다.

다섯째, 커피와 음료, 간단한 간식을 제공한다

'금강산도 식후경'이라는 말처럼 열심히 공부하다 보면 허기가 질 때가 있다. 이때 이용할 수 있도록 커피와 음료, 간단한 간식을 제공한다.

스터디카페 창업, 학생들 니즈를 알면 성공한다

만약 소비자 행동 변화 트렌드나 미래의 소비자 변화 트렌드를 미리 예측할 수 있다면 그 사업으로 큰 부를 이룰 수 있을 것이다. 다수의 경제학자들에 따르면 4차 산업혁명 시대에는 공유 경제 시스템이 공고하게 자리 잡을 것이며, 현재도 4차 산업기술을 기반으로 한 공유 경제 시스템이 외연을 확장하고 있다.

4차 산업 공유 경제로 어마어마한 변화가 일어나고 있는 지금, 시대의 흐름에 맞는 사업을 해야 성공 가능성을 높일 수 있다. 그렇다면 어떤 사업을 해야 위드 코로나 시대에 안정적으로 수익을 벌어들일 수 있을까?

현재 트렌드에 부합하는 4차 산업 공유 경제 사업 중에서도 스터디카페를 적극 추천한다. 위드 코로나가 막 시작되고 있는 지금 스터디카페는 저위험, 고효율을 기대할 수 있는 사업이기 때문이다.

필자가 스터디카페의 창업을 권하는 데에는 몇 가지 이유가 더 있다.

우선 우리나라의 높은 교육열을 들 수 있다. 한국은 세계적으로 독보적이고 열성적인 교육열을 가진 나라이며, 학습에 대한 높은 관심 때문에 스터디카페 시장은 더욱 커질 수밖에 없다.

또한 고정비용이 낮아 리스크를 크게 줄일 수 있다. 어떤 사업을 하든지 고정비용에서 가장 큰 부담이 되는 것은 인건비다. 하지만 스터디카페는 무인 키오스크를 사용하면 인건비의 80%를 절감할 수 있다.

투자 대비 수익률이 높다는 점도 스터디카페의 강점 중 하나다. 스터디카페는 현금 회전률이 높을 뿐만 아니라 키오스크를 사용하면 고정지출을 대폭 절감할 수 있기 때문에 투자 대비 높은 수익을 올릴 수 있다.

단, 앞에서 살펴본 강점을 제대로 활용하려면 입지 선정부터 인테리어까지 학생들의 니즈를 반영해야 한다. 스터디카페 입지 선정 시 아파트 및 학원이 밀집해 있어야 하며, 중·고등학교가 근접 거리에 위치해야 한다는 점도 학생들의 니즈를 고려한 것이다. 스터디카페는 역세권이나 대로변 등의 입지 조건이 필요하지 않다. 고객은 스터디카페의 반경 1km 내에 있다고 보면 된다.

스터디카페는 장치 산업에 속하기 때문에 경쟁력 있는 인테리어가 가장 중요하다. 여기서 중요한 것은 브랜드 있는 스터디카페라고 학생들이 1km 밖에 있는 스터디카페에 일부러 찾아가지는 않는다는 점이다. 따라서 주변의 경쟁 업체보다 경쟁력 있는 인테리어를 하는 것이 중요하다.

스터디카페를 둘러보다 보면 마치 주류를 파는 바처럼 시설을 해놓은 곳이 있는데, 이런 인테리어는 학생들이 금방 싫증을 내므로 주의해야 한다. 스터디카페는 공부하는 곳이므로 집중력을 유지할 수 있는 공간을 만들어주는 것이 가장 중요하다. 따라서 인테리어 역시 필요 없는 장식과 패턴은 과감하게 배제한 블랙 & 화이트 톤과 심플하고 간결하면서도 세련된 실용성을 강조한 모던 스타일이 가장 좋다.

한편 스터디카페에서 가장 중요한 차별화 전략 중 하나가 책상 크기다. 상황에 따라 다르지만 기본적으로 책상 크기는 경쟁 회사보다 큰 것이 좋다. 또한 전 좌석 모두 편한 의자를 배치해야 한다. 편안한 의자 때문에 입실하는 학생이 많다.

스터디카페는 공부하는 곳이며, 집중력을 유지하는 것이 가장 중요하므로 프라이빗한 공간을 만들어주되 온도, 습도 유지에도 신경을 써야 한다. 집중력 상승에는 온도, 습도도 영향을 미치기 때문에 기본적인 환기 시설 외에 공기청정기와 같은 집기를 적재적소에 비치하는 것이 좋다. 특히 공기청정기는 백색 소음기에 해당하는데 적당한 백색소음은 집중력을 향상시켜준다.

그 외에 친구를 소개할 경우 한 달 이상 할인권을 주는 전략도 필요하다. 할인 혜택은 기존 고객의 충성도를 높이고, 새로운 고객을 유입하는 데 가장 유용한 전략 무기다.

한편 스터디카페 역시 프랜차이즈가 있는데, 엄밀히 말하면 스터디카페 프랜차이즈는 프랜차이즈라고 볼 수 없다. 이것은 타 업종의 프랜차이즈와 비교하면 쉽게 차이점을 알 수 있다.

예를 들어 치킨 가맹 프랜차이즈라면 생닭, 식용유, 파우더, 포장 박스, 소스류를 계속해서 유통시켜 수익을 발생시킨다. 하지만 스터디카페 가맹 본부는 그런 유통 수익 모델이 없다. 스터디카페 가맹 회사 역시 회사를 운영하려면 고정비용이 계속해서 들어가야 하는데, 타 업종의 프랜차이즈처럼 회전률이 빠른 소모성 유통 상품이 미비하다. 고정비용을 마련하지 못하면 가맹 본부는 문을 닫아야 하는 것이 기정사실이다.

스터디카페 가맹 본부가 회사를 운영하려면 주식회사 공간디자인랩과는 달리 인테리어도 하청을 주어 이윤을 남기고 가맹비, 교육비, 로열티, 서버 이용료 등에서 최대한 수익을 발생시켜야 한다. 그뿐만 아니라 가구, 집기, 네트워크, 냉난방기, CCTV, 키오스크, 가전 일체, 철거, 소방, 전기 증설, 분전함, 간판 등에서 30% 이상 남겨야 회사를 운영할 수 있다. 어떤 사업이든 마진이 붙는 것은 당연한 일이다. 다만 스터디카페 프랜차이즈의 특성상 과도하게 마진이 붙기 쉬우며, 이 모든 부담은 가맹점이 감당해야 한다. 이것은 곧 스터디카페 프랜차이즈를 통해 창업을 할 경우 가격 경쟁력에서 크게 밀릴 수밖에 없다는 것을 의미한다.

직장인도 스터디카페로 투잡 할 수 있다

코로나19로 경제적인 타격을 입고 조기 퇴직으로 노후를 준비하는 직장인들 사이에 투잡 열풍이 불고 있다. 변화무쌍한 무한경쟁 시대에서 사업에 성공하려면 현재의 트렌드와 미래의 트렌드를 알아야 한다. 그 흐름을 파악할 수 있다면 원하는 목표를 달성할 수 있다.

현 시대가 4차 산업 공유 경제 시대라는 데 이견을 가질 사람은 없을 것이다. 그런데 공유 경제가 나타나게 된 배경은 무엇일까? 그것은 경제 위기와 환경 오염 등에서 이유를 찾을 수 있다.

공유 경제란 개인이 소유하고 있으나 활용하지 않는 물건 또는 지식, 경험, 자원 등을 상호 대여하거나 교환하는 활동을 말한다. 사실 공유 경제가 활성화된 이유는 직접 소유하지 않아도 무한대의 재화와 서비스를 이용하는 것이 가능해졌기 때문이다. 덕분에 새로운 서비스 사업이 생겨났는데 분야별로 간단하게 살펴보면 다음과 같다.

1. 장소: 스터디카페, 공유 오피스, 회의실, 창고, 에어비앤비 등
2. 물건: 국민도서관, 책꽂이 등
3. 교통(자동차): 무인 렌트업, 집카, 쏘카 등

4. 지식(모임): 정보서비스업, 위즈돔, 리얼트립 등

위의 업종들은 4차 산업 공유 경제 시스템의 확산으로 새롭게 등장한 사업이다. 그렇다면 현재 트렌드에 맞춰 창업을 하려면 무엇을 해야 할까? 우선 특정 핵심 분야를 선택하고 그것에 집중하는 전략을 세워야 한다.

사실 공유 경제 시스템은 스터디카페나 공유 오피스 외에도 코인 노래방, 셀프 빨래방, 공유 창고, 밀키트, 무인 편의점 등 나열할 수 없을 정도로 종류가 많다. 다만 스터디카페는 그중에서도 투자 대비 적지 않은 수익을 고정적으로 낼 수 있다.

투잡을 해본 사람은 잘 알겠지만 투잡 창업을 준비할 때에는 자본금, 수익률, 인건비, 리스크, 재고, 관리비 등 여러 가지를 꼼꼼히 따져봐야 하는데 그것이 말처럼 쉬운 일이 아니다. 이럴 때 리스크가 적고 관리가 용이하면서 경기에 민감하지 않는 사업 아이템이 필요한데, 인건비 걱정 없이 안정적인 수익을 올릴 수 있는 투잡 창업 아이템이 바로 스터디카페다. 필자는 직장인이나 개인 사업자분들에게 스터디카페를 자신 있게 추천하는데 그 이유를 정리하면 아래와 같다.

1. 소자본으로 창업이 가능하다

현재는 제로 금리 시대다. 따라서 금융 이자 비용이 저렴하다. 또한 코로나19로 인해 임대료가 하향 조정되어 있고, 상가 공실이 많아 가성비 있는 스터디카페를 임차할 수 있다.

2. 고정비용이 저렴하다

급격한 최저임금 인상으로 사업 운영의 어려움이 가중되면서 고용 여력이 없어 폐업하는 자영업자가 많다. 하지만 스터디카페는 직원을 고용하지 않아도 운영이 가능하며, 타 업종에 비해 고정비용이 낮은 편이라 경쟁력이 있다.

3. 키오스크 관리로 관리비가 절감된다

상주하는 인력이 없어도 무인 키오스크 시스템으로 매장 관리, 매출 관리, 회원 관리, 좌석 관리, 예약 관리 등이 가능하다.

4. 타 자영업보다 수익률이 높다

스터디카페는 현재 트렌드에 부합하는 공유 경제 시스템 기반의 사업으로, 경기에 민감하지 않으며 취업난이 심한 요즘에도 평생 학습에 대한 수요로 경쟁력을 가진다. 또한 임대업으로 분류되어 규제가 심하지 않을 뿐만 아니라 대체로 관리가 쉬워 매장주가 많은 시간을 투자하지 않아도 된다.

수익률 높이고 공실 채우기

코로나19 팬데믹 이후 내수 경제가 큰 타격을 입은 것은 주지의 사실이다. 이에 많은 사람들이 조기 퇴직 후 자영업 창업으로 내몰리고 있으나 온라인 비대면 판매가 확산되면서 오프라인 창업 실패는 불 보듯 뻔한 사실이 되었다.

그렇다고 성공 가능성이 전혀 없는 것은 아니다. 세계 최고의 트렌드 전문가 중 한 사람으로 손꼽히는 헨릭 베일가드는 그의 저서 《트렌드를 읽는 기술》에서 '트렌드는 시장이다.'라고 강조했다. 모든 트렌드에는 각각 예측 가능한 패턴이 존재하기 때문에 트렌드의 패턴을 읽을 수 있다면 올바른 방향으로 시장에 접근할 수 있다는 것이다.

창업을 하더라도 성공을 하려면 시대의 변화에 발 빠르게 대응하며 변화하는 유연함이 필요하다. 다시 말해 트렌드를 읽을 줄 알아야 한다는 뜻이다. 예를 들면 최근 코로나19의 영향으로 꼬마빌딩이나 사무 공간이 무려 6개월에서 1년간 공실인 경우를 많이 볼 수 있는데 그런 상황에서도 수익률을 높이면서 공실도 채울 수 있는 2가지 사업이 있다.

첫 번째는 공유 오피스로 4차 산업 시대의 핵심 키워드인 공유 경제를 적용한 사업이다. 공유 오피스는 대체로 관리가 손쉬우며 에어컨, 조명, 자동문 원격 조종, 무인 매장 CCTV 등 시스템이 사람이 하는 모든 일을 대신 해주고 있기 때문에 인건비를 크게 절약할 수 있다. 굳이 4대 보험, 월차, 토요일 및 일요일 근무 수당을 주며 골치 아프게 직원을 쓸 필요가 없는 것이다. 이에 빈 건물을 갖고 있는 건물주나 직장을 다니는 분들이 투잡으로 공유 오피스를 많이 창업하는 추세다.

두 번째는 스터디카페다. 스터디카페 역시 공유 경제를 적용한 사업으로 키오스크가 있어 별도의 직원을 두지 않아도 관리가 용이하다. 4대 보험, 월차, 토요일 및 일요일 근무 수당을 주며 골치 아프게 직원을 채용하는 사업은 이제 끝난 것이다.

4차 산업기술이 발달하면서 세계 경제의 패러다임은 공유 경제로 바뀌고 있으며, 공유 경제를 적용한 사업은 빠르게 확산되고 있다. 창업은 그 자체로 위험 부담이 따르는 일이지만 트렌드를 읽을 줄 안다면 성공 가능성을 획기적으로 높일 수 있다. 반대로 시대 흐름에 맞춰 변화하지 못하면 도태되는 것은 시간문제다.

공유 경제로 사무 공간, 상가, 꼬마빌딩 공실 채우기

공유 경제는 현재 세계 경제의 패러다임을 바꾸고 있으며, 오피스 시장 역시 공유 경제에 따른 변화가 급속도로 확산되고 있다.

공유 경제란 무엇인가? 공유 경제는 물건을 기존의 '소유' 개념이 아닌 '공유' 개념으로 바꿔 한 번 생산된 제품을 여럿이 공유하며 사용하는 협업 소비 형태의 경제를 말한다.

오피스 시장 외에도 사회 전 분야에 걸쳐 공유 경제가 활발히 적용되고 있는데 사례를 살펴보면 자동차, 유아용품, 독서실, 숙박, 빈 집, 주차장, 금융, 지식 등 다양한 분야에서 공유 경제가 활용되고 있다.

이러한 흐름은 오피스 같은 상업용 부동산에도 확대되고 있다. 부동산의 경우 심하면 6개월~1년까지 공실인 경우가 등장하고 있는 것이 현실이다. 코로나19 여파로 카페, 학원, 노래방, 식당, 당구장, 뷔페, 헬스클럽 등 셀 수 없이 많은 업소들의 공실률이 역대 최고를 갱신하고 있다. 심지어 명동 중대형 상가는 공실률이 37.4%에 달한다고 한다. 지방은 말할 것도 없다.

그렇다면 어떻게 공실을 줄여야 할까? 코로나가 불러온 변화는 사실 이전부터 서서히 진행되고 있었으나 코로나19 팬데믹이 변화를 급속히 가속화시키는 계기가 되었다. 특히 유통, 교육 등 많은 분야에서 원격화, 무인화를 도입해 무인 배송, 무인 스터디카페, 무인 공유 오피스, 무인 창고 등이 속속 등장하고 있다. 이것은 펜데믹으로 인한 비대면 서비스가 확산된 결과다. 특히 무인 결제 시스템인 키오스크의 경우 펜데믹 이후 사용 범위가 확장되고 더욱 고기능화되어 활용 분야가 점차 확대되고 있다.

여기서 주목할 만한 변화로는 팬데믹이 장기화되면서 기존의 대면 업무가 원격화로 전환되고 있다는 점이다. 코로나19 팬데믹 이후 원격 수업, 원격 주문 등 원격화는 이미 우리 생활에 깊숙이 스며들고 있다.

건물 역시 예외가 될 수 없으므로 공유 경제 시대의 트렌드에 맞지 않는 업종은 도태되어 자연히 공실이 발생할 수밖에 없다. 공실 기간이 무려 6개월~1년에 달하는 이유도 시대의 흐름에 따른 트렌드를 읽지 못하기 때문이다.

하지만 공유 경제를 도입하면 공실 문제를 손쉽게 해결할 수 있다. 부동산 공유 경제 모델로는 공유 오피스, 스터디카페, 공유 창고, 공유 주방, 섹션 오피스, 공유 회의실, 공유 숙박 등이 있다.

현재 공유 경제에 눈뜬 많은 사람들이 임대를 놓거나 직접 운영을 하고 있는데 필자의 경우 임대보다는 직접 운영을 권하고 있다. 직접 운영을 해야 고수익을 보장받을 수 있기 때문이다.

특히 요즘은 무인 자동화 시스템 키오스크의 등장으로 인건비 절감은 물론 업무상 편의까지 향상되었다. 고객들 역시 결제 대기 시간이 없어 빠르고 편리하게 이용하고 있다. 고객의 편의를 높이면서도 관리의 수월함과 수익의 극대화까지 가능한 것이다.

코로나19 이후 세상은 바뀌었고, 외부 환경이 변화한 만큼 건물 활용 역시 변화의 흐름을 받아들여야 한다. 필자가 운영하는 주식회사 공간디자인랩은 실내 장식 면허를 보유한 인테리어 회사이며, 자회사인 성공드리미와 함께 인테리어 및 공실 채우기 솔루션을 30여 년간 연구했다.

인테리어를 한다기보다는 컨설팅을 하는 마음으로 고객 만족을 이끌어내고 있으며, 공실을 채우는 것에 관한 많은 노하우를 갖고 있는 만큼 4차 산업 공유 경제 시대의 흐름에 맞는 상품을 만들어 빈 공간을 활용해 고객에게 고수익으로 돌려드리고 있다.

study cafe
interior

PART 2

스터디카페 인테리어 사례

병점 성공
스터디카페 52평

평면도

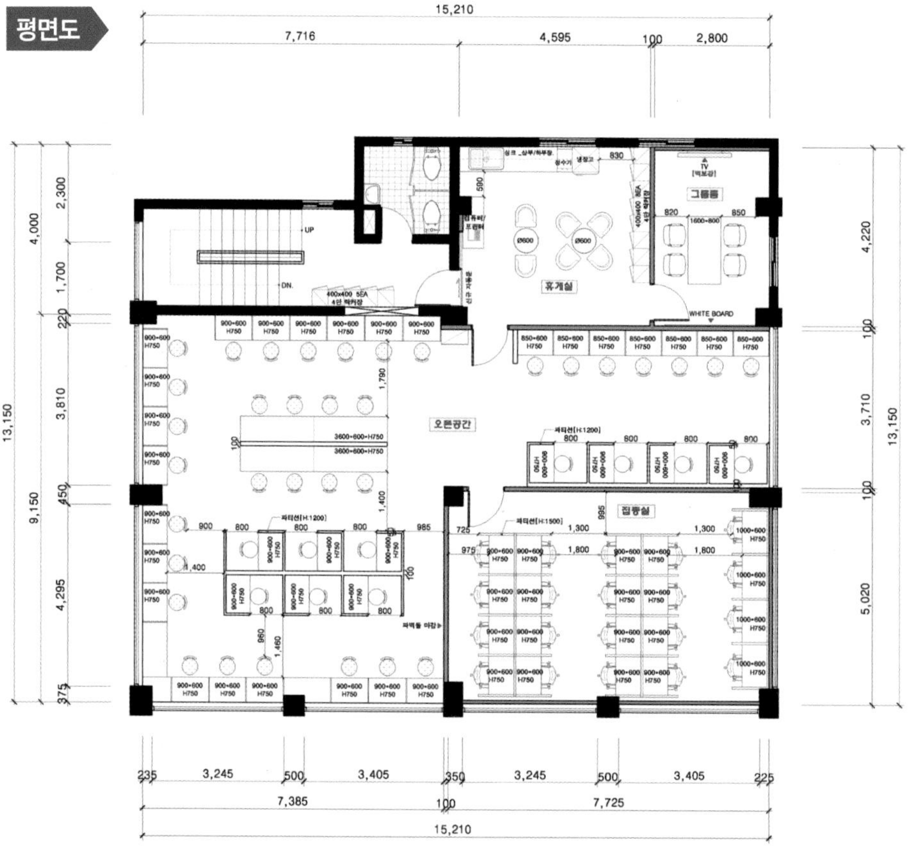

상기 도면은 현장 상황에 따라 변경될 수 있습니다.

성공 스터디카페는 수원에 1호점을 낸 뒤 월 순수입 1,000만 원이 넘는 수익을 거두고 병점에 2호점을 냈다. 총 68석의 좌석을 배치했으며 휴게실, 그룹룸, 오픈 공간, 집중실로 구성했다.

입구에 위치한 키오스크 및 이용권 가격 안내 게시판

휴게실

휴게실(확대 컷)

휴게실 내부 사물함

휴게실 커피머신 & 분리수거함 & 냉온수기

그룹룸

그룹룸(반대편)

오픈 공간

오픈 공간(다른 방향 1)

오픈 공간(다른 방향 2)

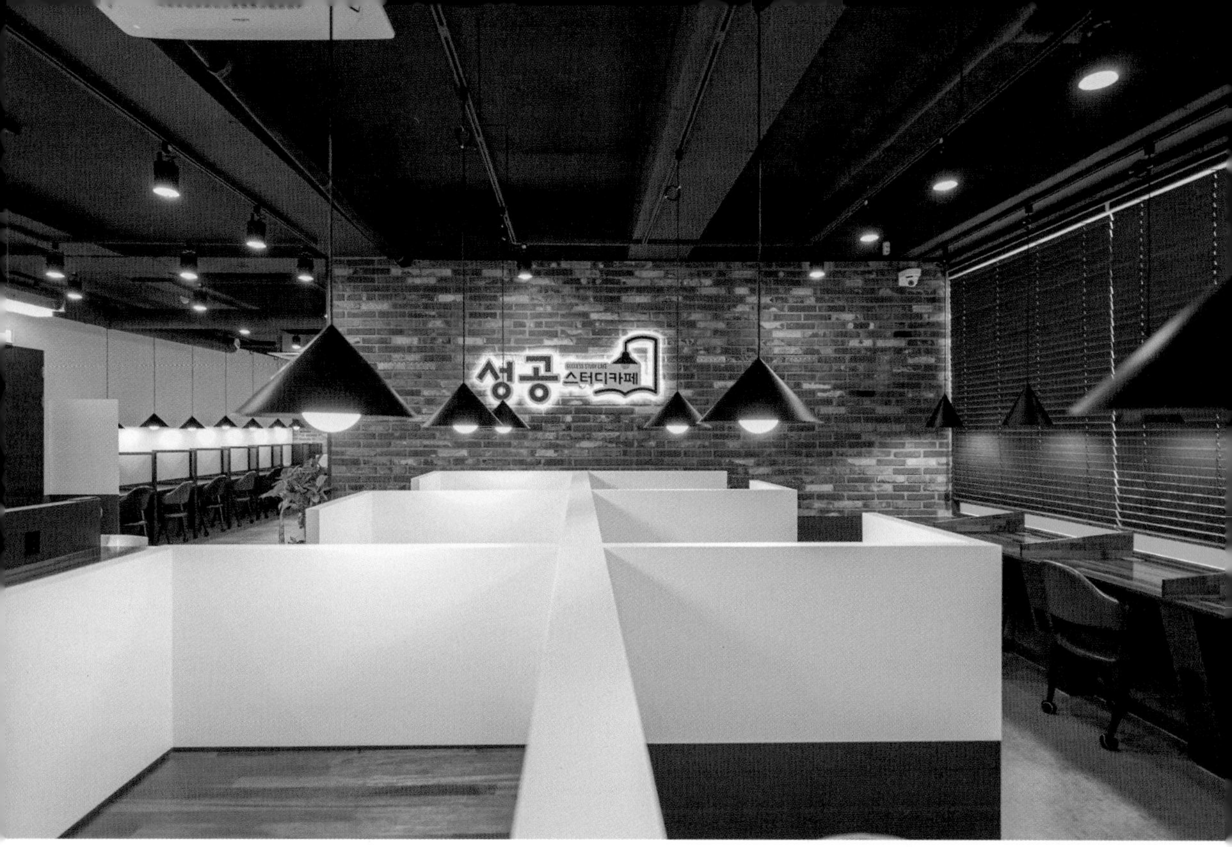

오픈 공간(다른 방향 3)

오픈 공간(다른 방향 4)

성공
SUCCESS STUDY CAFE
스터디카페
도전을 성공으로 !
BIG SUCCESS DOESN'T COME
WITHOUT B
HALLENGES.

오픈 공간(다른 방향 5)

오픈 공간(다른 방향 6)

오픈 공간(다른 방향 7)

오픈 공간(다른 방향 8)

집중실

집중실(다른 방향 1)

집중실(다른 방향 2)

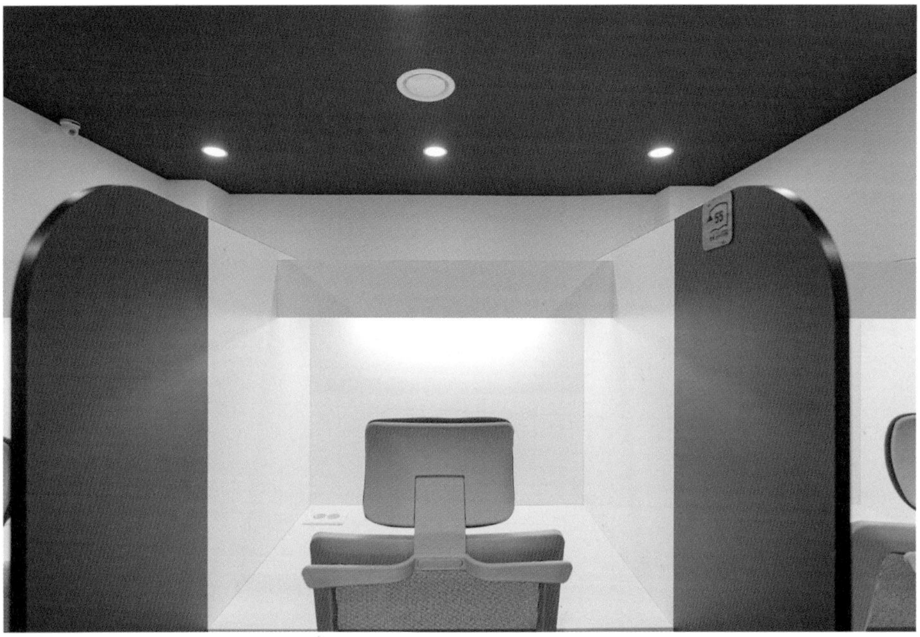

집중실(다른 방향 3)

파벽돌

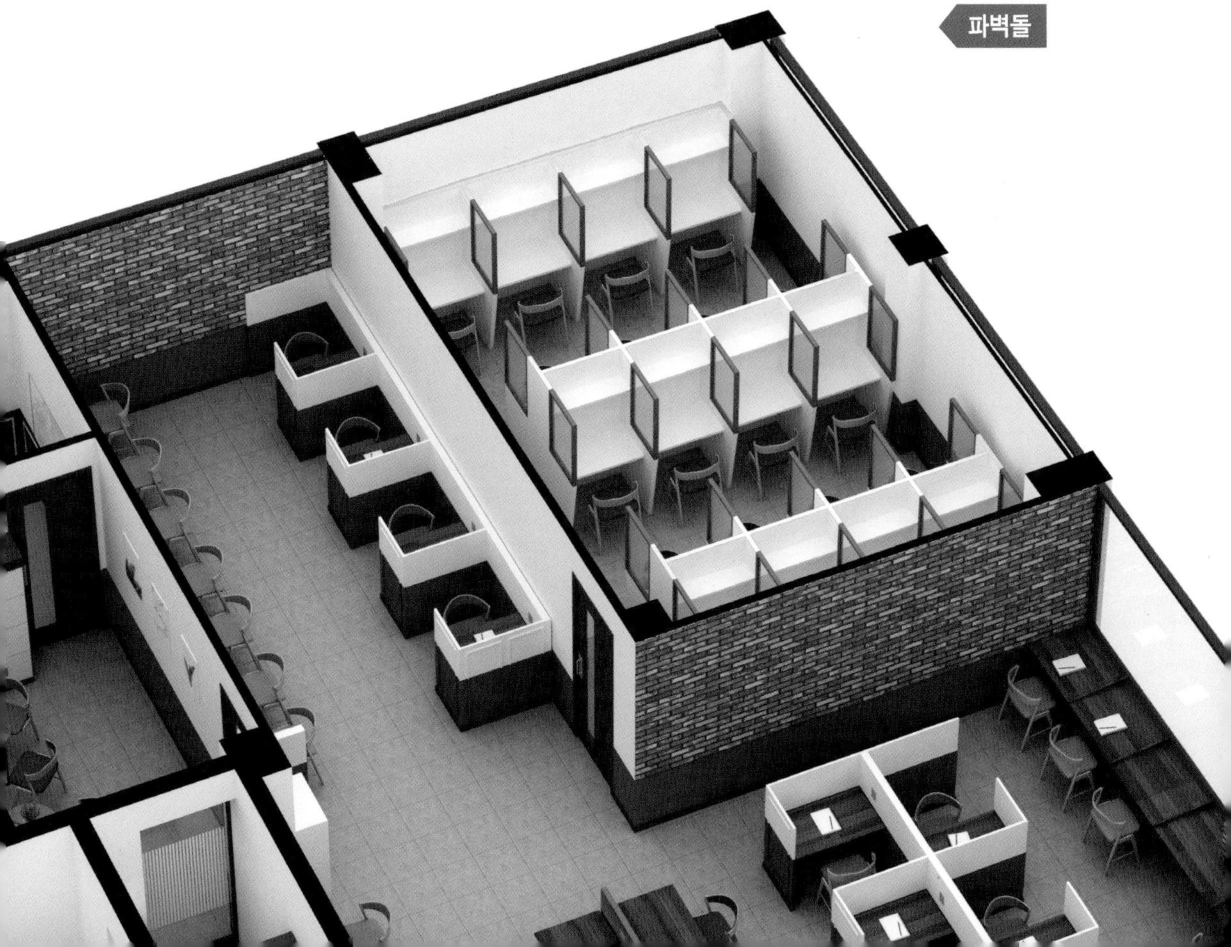

평택 청북읍 집중공간 스터디카페 92평

평면도

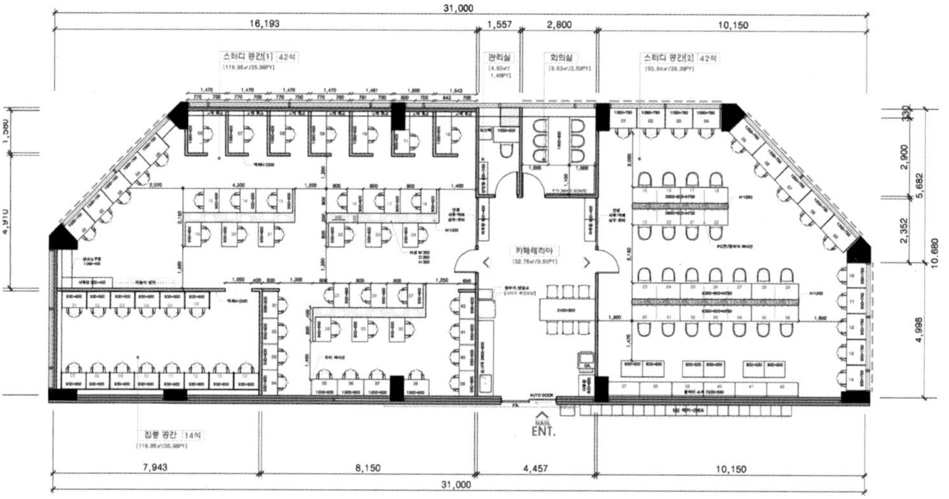

[상기 도면은 정확한 실측도면이 아니므로 현장 상황에 따라 변경될 수 있습니다.]

자동문 정면에 카페테리아가 위치하며 카페테리아 내 좌측에는 분리수거 하부장, 우측에는 OA 공간과 6인 탁자, 회의실, 관리실을 배치했다.

좌측 집중 공간에는 14석, 스터디존 공간에는 42석이 있으며 우측 공간은 개방감 있게 디자인한 카페존 공간 42석을 두어 총 98석을 배치했다.

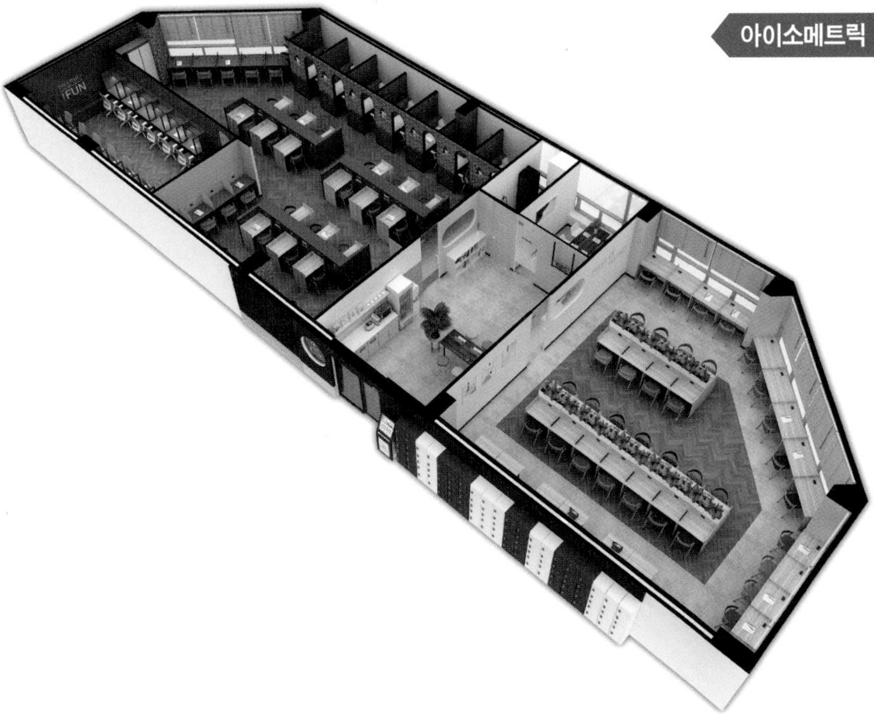

아이소메트릭

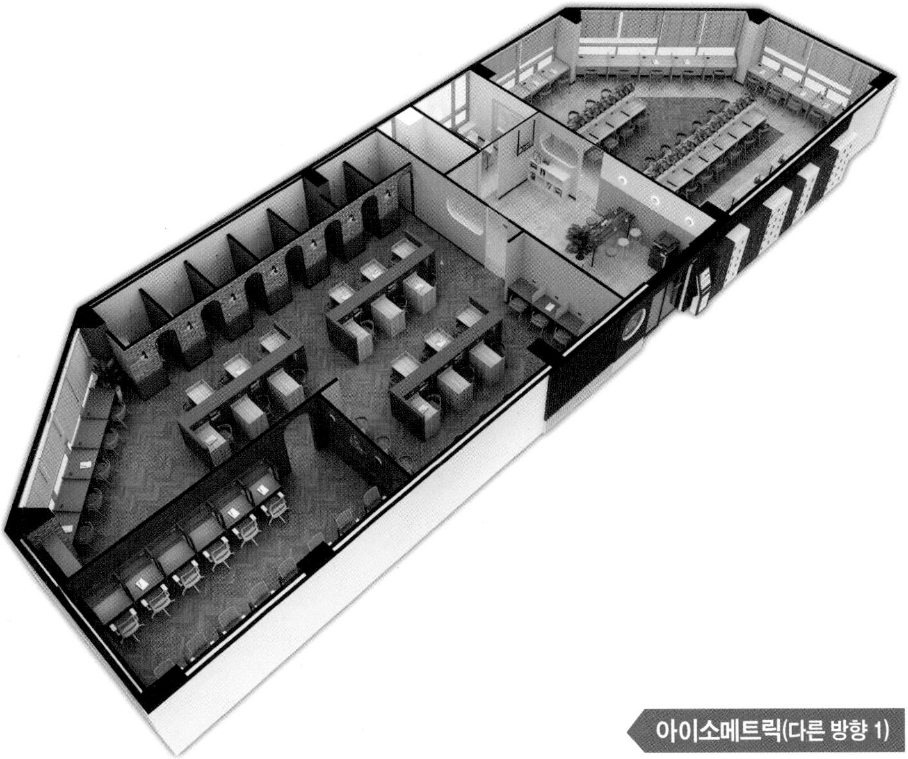

아이소메트릭(다른 방향 1)

아이소메트릭(다른 방향 2)

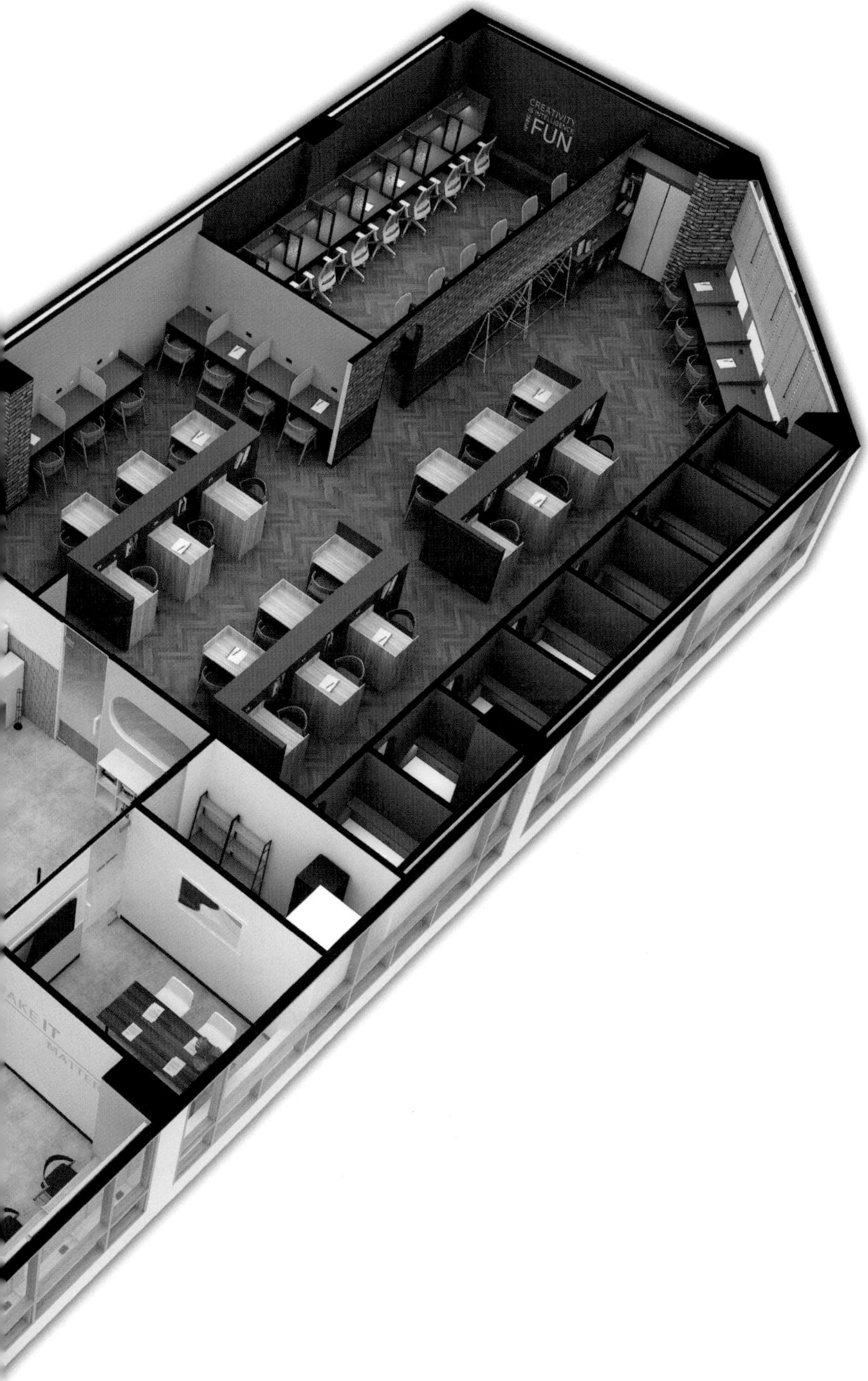
CREATIVITY
FUN

입구

입구는 다크그레이 톤을 사용해 시크한 분위기를 연출했다. 자동문 옆에는 원형의 간접 조명을 설치해 상호인 '集中空間(집중공간)'과 로고를 강조하며 명품 스터디카페에 걸맞은 이미지로 디자인했다.

키오스크 & 개인 사물함

입구 옆 복도에는 키오스크와 개인 사물함을 설치해 공간 활용도를 높였다.

카페테리아를 중심으로 집중존(좌측) & 카페존(우측)

입구 정면에 위치한 카페테리아를 중심으로 집중존(좌측)과 카페존(우측)으로 나뉘며, 카페존 42석은 화이트 색상으로, 집중존 42석은 다크그레이 색상으로 디자인했다.

스터디존 내에는 14석의 집중 공간을 배치했으며, 바닥재는 대리석 질감이 나는 깔끔한 소재를 사용했다. 천장과 벽체는 화이트 색상으로 마감했으며, 고급스러움이 물씬 풍기는 멀바우 6인용 탁자, 분리수거함을 배치했다. 조명은 심플하면서도 독특한 모양으로 고급스러운 느낌을 주는 원형 펜던트를 사용해 카페테리아를 더욱 럭셔리한 분위기로 연출했다.

카페테리아(다른 방향 1)

자동문을 열고 들어가면 카페테리아가 정면으로 보이며
카페테리아 우측에 카페존, 좌측에 스터디존이 위치한다.

카페테리아(다른 방향 2)

카페테리아 내부에 수납 공간과 분리수거함을 시공했으며, 벽면에 집중공간 로고 및 이용 수칙을 고지했다.

카페존

카페존은 총 42석이며, 탁월한 뷰를 감상할 수 있다. 천장의 화이트 색상은 밝고 깔끔한 이미지를 주고, 바닥은 투 톤으로 대리석 질감이 나는 데코타일과 헤링본 데코타일을 시공해 럭셔리하게 설계했다.

카페존(다른 방향 1)

드높은 천장과 넓은 창을 통해 개방감 있는 뷰를 감상할 수 있으며, 도시의 소음에서 벗어난 느낌을 받을 수 있다. 스터디카페 인테리어 중에서도 독보적인 공간이며, 집중력 상승과 힐링을 원한다면 집중공간 스터디카페를 추천한다.

카페존(다른 방향 2)

바닥 역시 클래식한 스타일의 지성미가 물씬 풍기는 헤링본 바닥재로 마감했으며, 클래식한 분위기에 이색적이고 매력적인 디자인을 더했다.

카페존(다른 방향 3)

한쪽 벽면에는 허리가 불편한 학생을 위해 편안한 고정 붙박이 의자를 설치했다.

카페존(다른 방향 4)

원거리에서 본 카페존 이미지이며, 집중력을 위해 세련되면서도 간결한 스타일로 디자인했다.
집중력에 방해되는 장식은 과감하게 배제한 모던 스타일 인테리어로 설계했다.

카페존(다른 방향 5)

화이트로 마감한 오픈 천장에 라인 조명을 달아 고급스러움과 럭셔리한 이미지를 주도록 디자인했다.

스터디존(42석)
20
21
22
23
08

10
11
24

스터디존 독립형 1인실

청고 벽돌을 사용해 모던 빈티지한 스타일로 독창적이고 감각적인 공간을 연출했다.

독립형 1인실과 스터디존 좌석

스터디카페는 공부하는 곳이지 유흥을 즐기는 곳이 아니다. 따라서 조명, 색상 등을 활용해 집중할 수 있는 환경을 만들어줘야 한다.

스터디존 독립형 1인실 내부

집중력을 높여주는 색상과 조명을 사용했다.

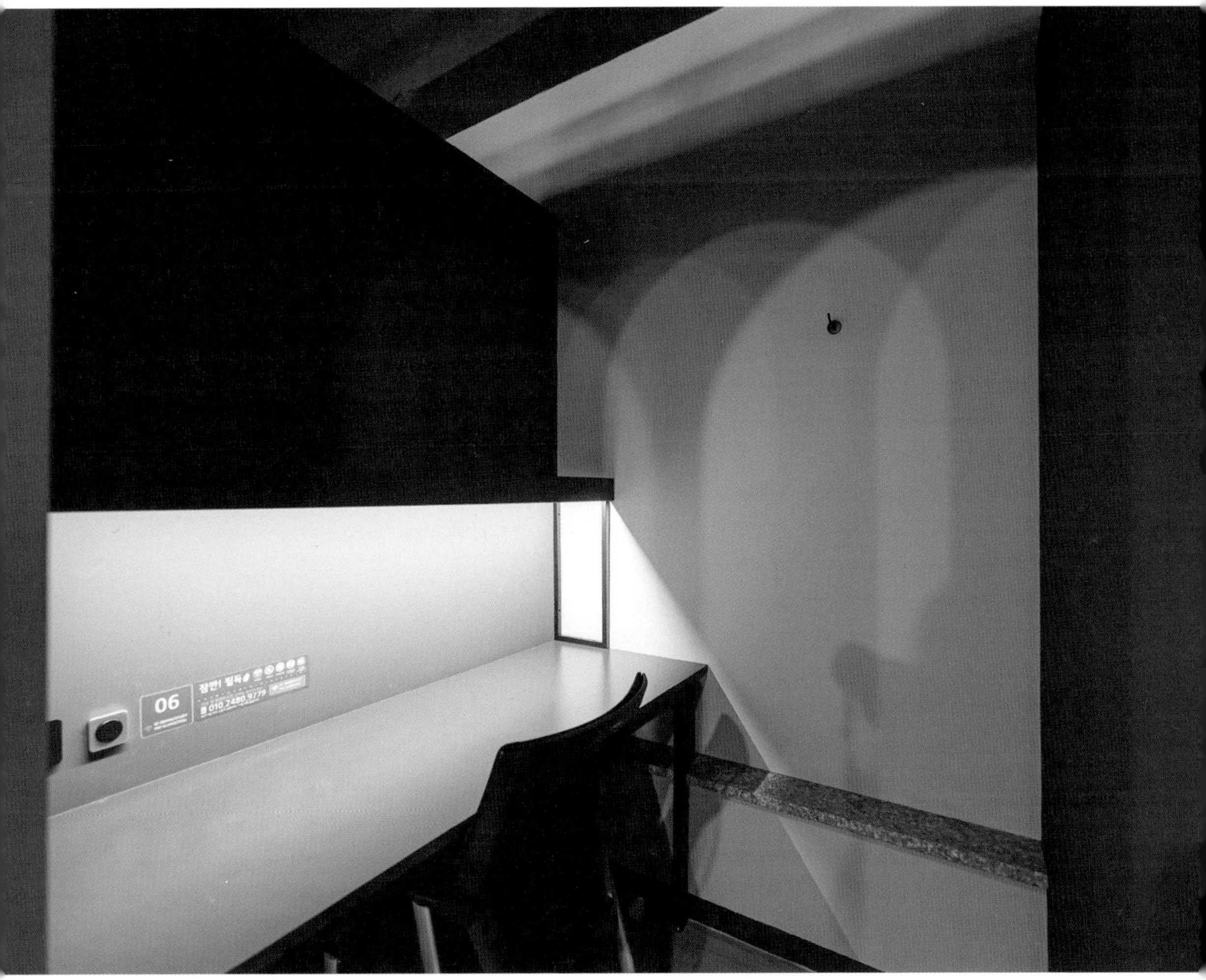

스터디존 좌석 수납 공간

스터디존의 좌석마다 수납 공간을 배치해
학생들이 편리하게 이용할 수 있도록 설계했다.

스터디존 책상 & 수납 공간

스터디존 내 집중 공간(14석)

스터디존 내 집중 공간으로 들어가는 입구. 이용자들이 집중할 수 있도록 방음에 각별히 신경 썼으며, 집중력을 높여주는 조명과 색상을 사용했다.

집중공간 로고

스터디존 내 집중 공간 좌측 벽면에 설치된 로고. 점을 이용해 심리적 강화 효과를 주었으며, 조명을 넣어 집중할 수 있는 분위기를 연출했다.

스터디존 집중 공간 내부

천장과 벽은 다크그레이 색상을 사용하고, 바닥은 헤링본으로 마감했다. 파티션 유리는 아쿠아 유리를 사용해 심리적으로 집중할 수 있도록 디자인했다.
평택 청북읍 옥길리에 위치한 집중공간 스터디카페는 모던하고 럭셔리한 디자인을 적용해 학생들이 공부에만 집중할 수 있도록 명품 스터디카페로 만들었다.
스터디카페는 유흥을 즐기는 곳이 아닌 공부하는 곳이므로 집중력에 비중을 많이 두고 디자인했으며, 필요 없는 장식은 과감히 배제하고 집중력을 끌어올릴 수 있는 실용적인 측면을 강조했다.
현대적, 근대적, 최신적인 모던 스타일로 인테리어를 시공한 집중공간은 이 지역에서 오랫동안 베스트 스터디카페가 될 것을 의심치 않는다. 후발업체 또한 진입하지 못할 것을 확신한다.

수원
성공 스터디카페 48평

평면도

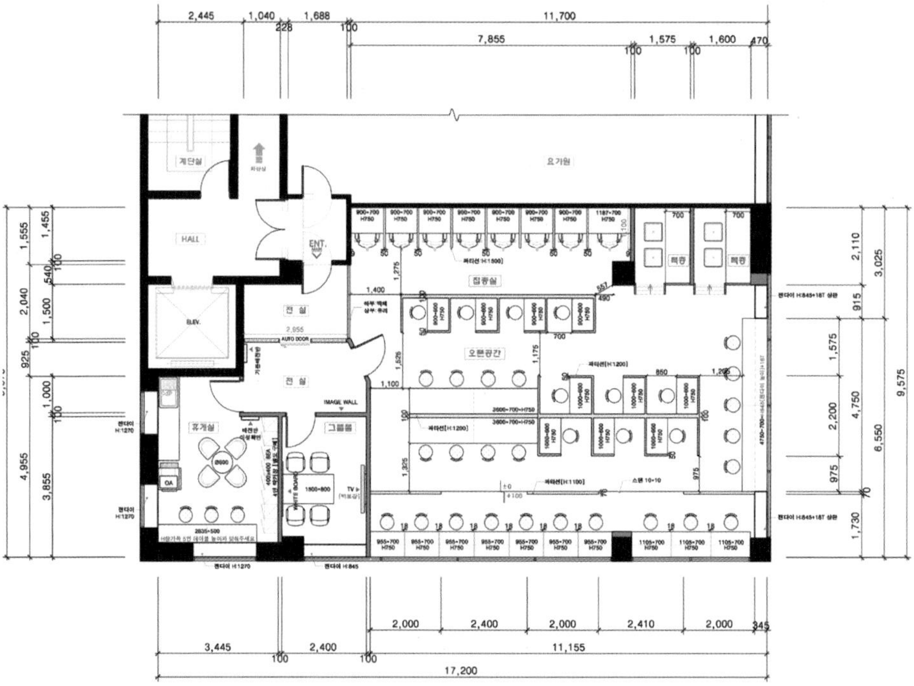

상기 도면은 현장 상황에 따라 변경될 수 있습니다.

입구에 전실이 있으며 전실을 지나면 휴게실, 그룹룸, 공부방으로 들어갈 수 있도록 전실을 1개 더 만들었다. 휴게실에는 싱크대, 4단 개인 사물함, OA 기기, 원탁과 TEA 테이블을 배치했다.

천장

석고보드(2P) 부착 후 수성페인트 뿜칠로 천장을 마감했다. 조명은 LED 매입등과 팬던트 원형을 사용했다.

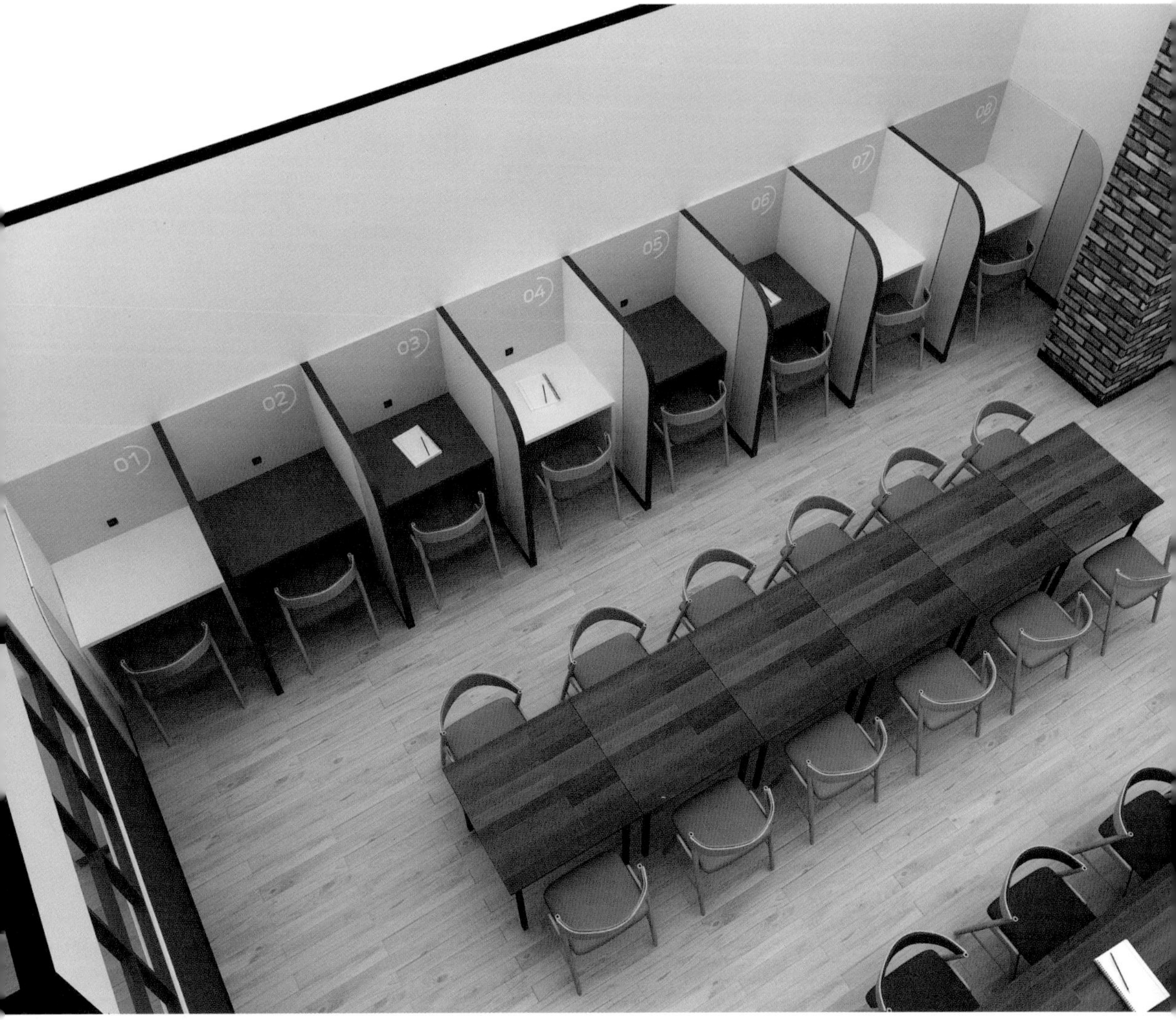

스터디룸

집중실, 오픈 공간, 복층으로 디자인한 스터디룸은 소음 차단을 위해 강화도어를 열고 들어와 자동문을 거쳐 스터디룸, 휴게실, 그룹룸 도어로 각각 들어갈 수 있도록 방음에 신경을 썼다.

휴게실

휴게실에는 귀중품 보관을 위해
4단 개인 사물함을 설치했다.

그룹룸

영상시대에 맞게 TV 모니터와 화이트보드를 설치했으며, 한쪽은 복층으로 좌식 책상을 만들어 바닥에 앉아 편안하게 공부할 수 있도록 했다(1, 2층 각 2석).

책상

내구성이 좋고 변형률도 거의 없으며 단단해서 고급 내부 장식이나 고급 가구 등 전문 목공 작업에 쓰이는 멀바우 목재로 제작했다. 한쪽 벽과 기둥은 고벽돌을 부착해 고풍스럽고 자연 친화적인 이미지를 표현했다. 고벽돌 하단에는 시크한 느낌의 다크그레이 색상으로 매치해 고풍스러우면서도 자연 친화적이며 세련되고 멋있는 디자인을 연출했다.

천장

천장을 오픈해 개방감과 쾌적함을 줬으며, 천장 색상은 다크그레이를 썼다. 오픈 천장의 장점은 첫째, 개방감을 주어 공간이 탁 트여 보인다. 둘째, 활용 공간이 넓어진다. 셋째, 공부하는 학생들의 심리 안정에 도움이 된다는 점을 들 수 있다. 조명은 레일 PL등과 LED 형광등, 팬던트등을 배치하여 화사하고 우아한 분위기를 연출했다.
스터디카페는 말 그대로 '카페에서 공부를 한다'는 뜻이므로 기존의 답답하고 불편한 독서실에서 벗어나 쾌적하면서도 분위기 있는 인테리어를 해 학습 효과를 상승시킬 수 있도록 디자인에 신경을 썼다.

서산시 석남동
달빛 스터디카페 55평

달빛 스터디카페는 인테리어 30년 경력의 ㈜공간디자인랩 자회사 ㈜성공드리미와 함께 만든 스터디카페로 오로지 공부에만 집중할 수 있도록 내부를 설계했다.

몸과 마음의 균형이 최고조에 이를 때 집중력은 극한에 다다르며 이때 최고의 실력을 발휘할 수 있다. 달빛 스터디카페는 심리학적으로 집중력을 고도로 끌어올릴 수 있도록 디자인했다.

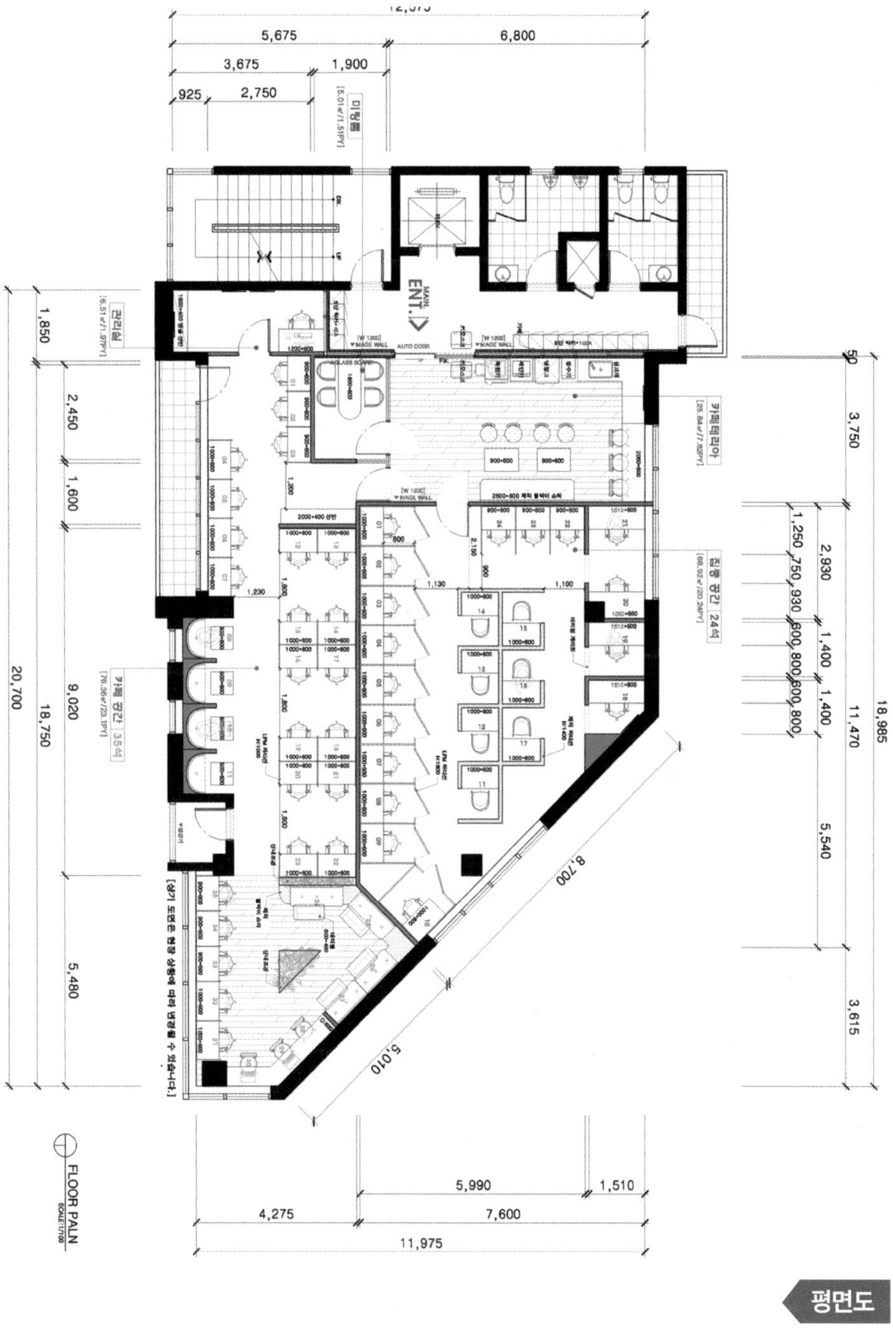

평면도

자동문을 열고 들어가면 좌측에 카페테리아가 위치하며 우측에는 미팅룸, 관리자실, 남녀 화장실, 스터디존(24석), 카페존(35석)을 배치했다.

외부 파사드

성능 좋은 키오스크와 개인 사물함을 배치했으며, 상세한 안내문을 게시해 학생들이 편리하게 달빛 스터디카페를 사용할 수 있도록 했다.

개인 사물함

번호키가 부착된 큰 개인 사물함을 배치해 공부하는 학생들이 편리하게 이용하도록 했다.

상세 안내문(각 책상)

각 책상마다 상세한 안내문과 함께 달빛 스터디 카페 관리자 전화번호를 기재해 이용 중 불편한 점이 있으면 즉시 해결할 수 있도록 했다.

집중 공간

자동문 좌측에 카페테리아가 위치하며, 천장을 오픈해 갑갑함을 없앴다. 천장 컬러를 화이트로 시공해 시원해 보일 뿐만 아니라 공간을 넓어 보이게 디자인했다. 밝은 화이트톤으로 가득한 내부는 맑고 깨끗하고 청순한 소녀 이미지로 연출했다.

카페테리아

인조대리석 상판에 분리수거함, 음료, 냉장고, 코웨이 얼음 냉온수기, 다과 진열대, 고급 원두 커피머신, 각종 다과를 비치했다.

카페존

전형적인 모던 스타일로, 가장 세련되면서도 간결한 스타일로 실용성을 강조했다. 필요 없는 장식과 패턴은 과감하게 배제한, 오래되어도 싫증이 나지 않는 화이트와 블랙 색상의 조합으로 디자인했다.
좌석은 깨끗하고 깔끔한 인상을 주는 화이트 컬러와, 편안함과 따뜻함이 자연스럽게 어울리는 우드톤 컬러를 기본 색상으로 적용했다. 특히 서울대 도서관에서 사용하는 시디즈 T50 최고급 사양 의자를 배치해 럭셔리한 공간을 연출했다.

카페존(다른 방향 1)

허리가 불편한 학생을 위해 붙박이 의자를 라운드로 제작했다.

카페존(다른 방향 2)

스터디존

몰입된 공간에서 공부할 수 있도록 천장은 전체적으로 어두운 컬러로 마감했으며, 모던하고 차분하면서도 엄숙한 분위기가 느껴지도록 디자인했다.

스터디존(다른 방향 1)

스터디존(다른 방향 2)

스터디존(다른 방향 3)

공부에만 집중할 수 있도록 높은 파티션과 세련된 아쿠아 유리를 사용해 옆 좌석과 확실히 시선이 차단될 수 있도록 설계했다.

좌석 이미지(확대 컷)

좌석 이미지(확대 컷 다른 방향)

비상벨

밤늦게까지 공부하는 학생들이 비상사태 발생 시 비상 상황임을 알릴 수 있도록 비상벨을 설치했다. 비상벨을 누르면 즉시 보안업체에서 출동한다.

집중존

집중존은 우드 소재 스윙 도어를 사용해 부드럽고 따뜻한 느낌을 연출했다. 타인에게 공간이 노출되지 않도록 몰입할 수 있는 공간을 만들어 학습 능률을 올릴 수 있게 설계했다.

스터디존 내 집중존(다른 방향)

아치형 곡선미를 강조했다. 곡선 인테리어는 동선의 흐름을 유연하게 만들고 디자인적으로도 공간을 부드럽게 연출할 때 많이 사용된다.

부평 삼산동
카페인 스터디카페 85평

평면도

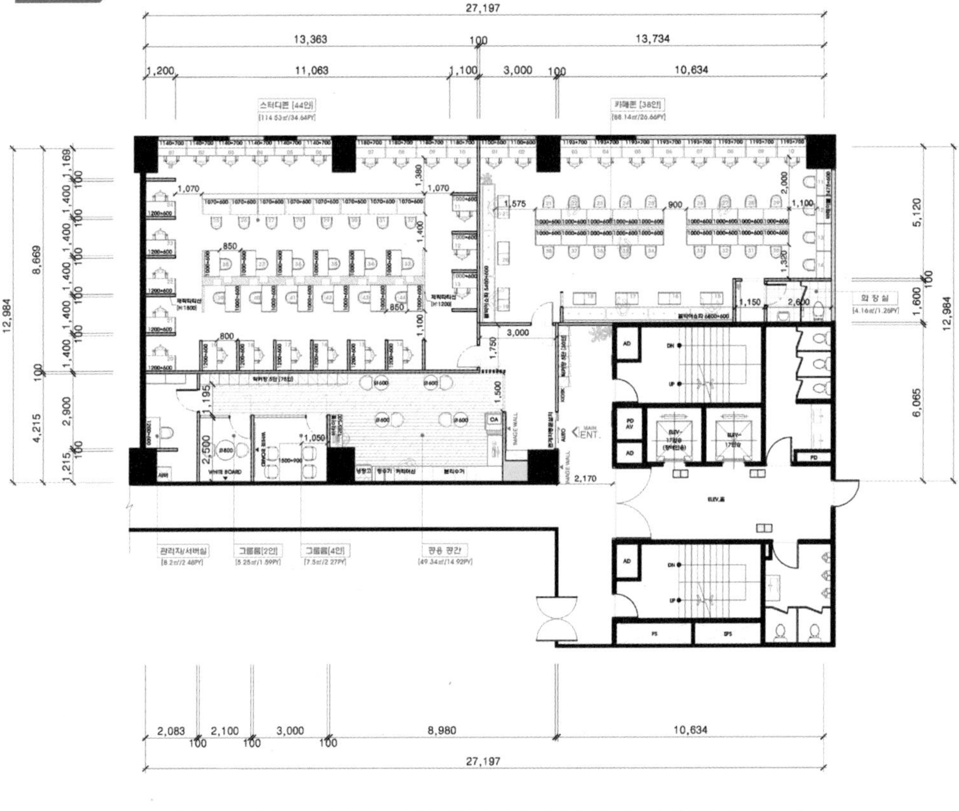

카페테리아, 사무실, 비품실, 스터디존 31석, 카페존 46석, 스터디룸, 화장실로 구성되어 있다.

아이소메트릭

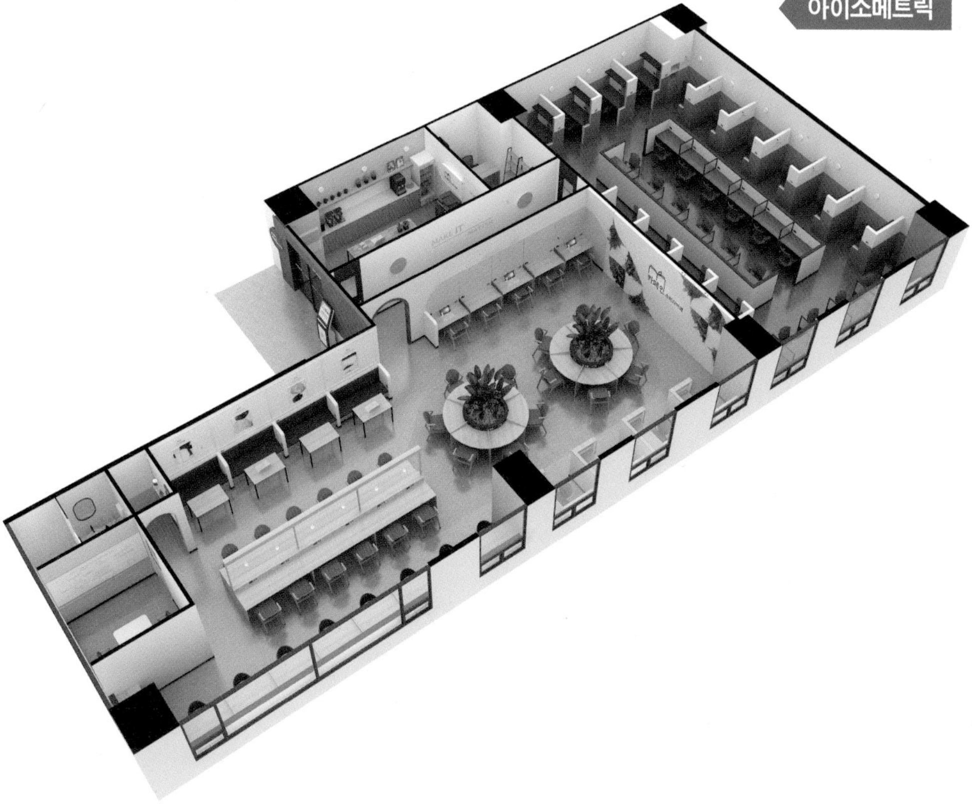

아이소메트릭(다른 방향)

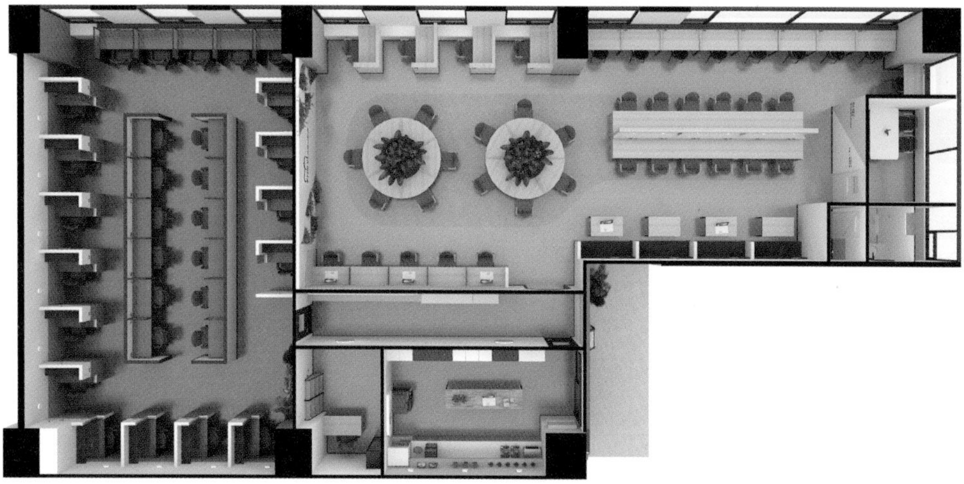

외부 파사드

똑같은 공간이라도 어떤 컬러를 어떻게 매치하느냐에 따라서 인테리어 분위기가 크게 달라진다. 그린 컬러와 화이트 컬러의 조합은 세련되면서도 자연 친화적인 산뜻한 분위기를 만들어준다.

키오스크 & 개인 사물함

다크그린이 칙칙하게 보일 수 있어 개인 사물함과 벽체를 화이트로 채워 모던하면서도 세련된 느낌으로 연출했다.

간판 & 자동문 & 시트 안내 이미지(확대 컷)

카페테리아 및 OA 공간

깔끔한 화이트와 포근한 원목이 어우러지게 디자인해 내추럴하고 깔끔한 인테리어가 완성되었다. 출입문을 열고 들어오면 카페테리아와 사물함이 보인다.

카페테리아(확대 컷)

카페테리아에는 냉장 음료, 쇼케이스, 고급 커피머신, 간식 다과, 얼음 정수기, 인조대리석 싱크대 상판, 분리수거함을 배치했다.

카페존(아이소메트릭)

카페존

교육 전문가들에 따르면 공부하는 사람의 성향에 따라 효과적인 공부 장소가 다를 수 있다고 한다. 카페인 스터디카페에서는 카페존, 스터디존, 카페테리아로 차별화된 공간을 두어 학생들에게 집중할 수 있는 공간을 제공했으며, 디자인 역시 학습 능률을 올리는 데 중점을 두었다.

카페존(다른 방향 1)

화이트 컬러와 우드 소재의 조합으로 이루어진 화이트 우드 인테리어는 유행에 상관없이 꾸준히 인기 있는 인테리어다.

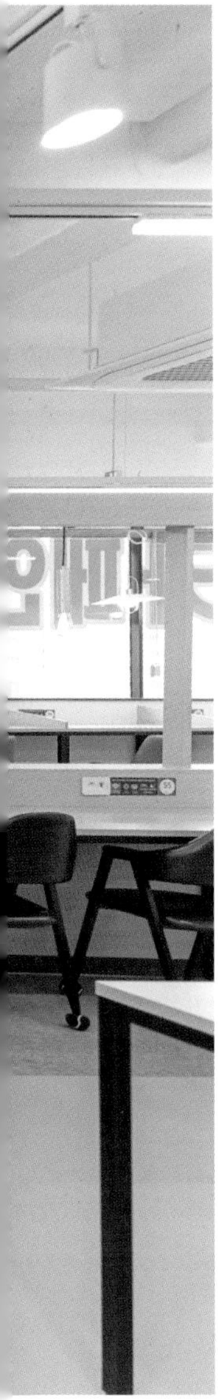

카페존(다른 방향 2)

천장을 오픈해 갑갑함을 없앴고, 천장을 화이트 색상으로 마감해 시원해 보일 뿐 아니라 넓어 보이게 디자인했다. 조명은 LED 라인 조명을 사용해 예술적인 공간으로 연출했다.

입구에서 스터디존, 카페존으로 들어가는 복도 동선

정면으로 바라본 복도 이미지

수납 공간을 만들어 학습에 필요한 것을 비치하도록 했다.

카페존 내 붙박이 의자

오래 앉아 있으면 허리가 불편한 학생들을 위해 고정 의자를 배치해 허리가 안 좋은 학생도 학습에만 집중할 수 있도록 디자인했다.

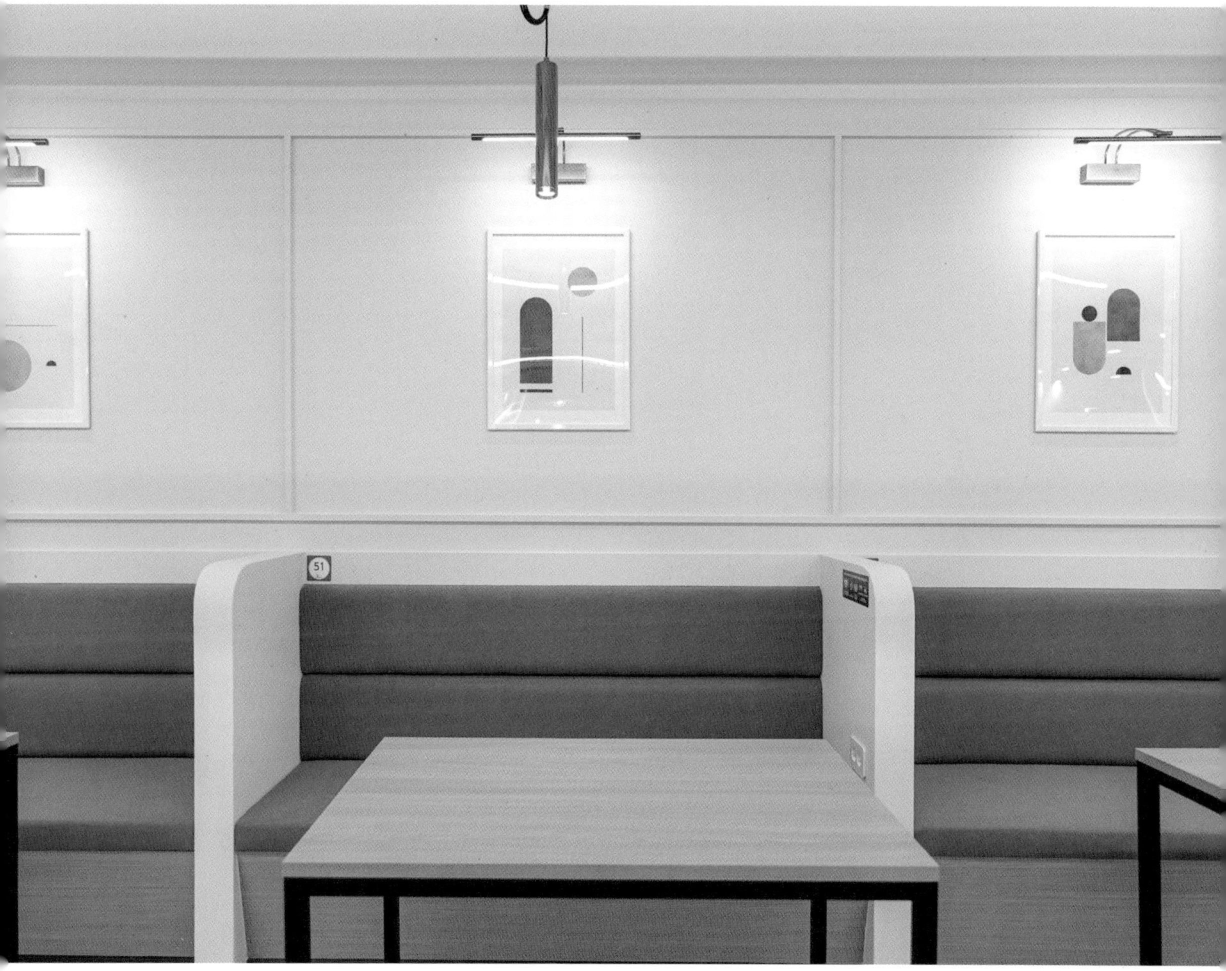

카페존 내 붙박이 의자(확대 컷)

카페존 창가 1인석(확대 컷)

창밖으로 뷰를 감상할 수 있으며, 답답하면 픽스창을 열어 환기도 시킬 수 있다. 또한 맞춤 파티션을 사용해 성향에 따라 개인 프라이버시를 보호할 수 있도록 했다.

카페존 이미지(다른 방향)

원형 탁자와 원형 라인 조명은 선과 면의 간결함이 돋보이는 디자인이다. 최소한의 요소만으로 디자인의 요구 조건을 충족시켰으며 럭셔리한 미니멀리즘을 강조했다.

스터디존

카페존은 화이트와 우드톤으로 자연 친화적이면서도 모던한 스타일이라면, 스터디존은 화이트와 블랙톤을 사용하여 전형적인 모던 스타일을 추구해 학생들이 학습에만 집중할 수 있는 분위기로 디자인했다.

스터디존 전체

화이트 및 블랙 컬러를 콘셉트로 하는 모던 스타일은 항상 성공적이다. 스터디존 인테리어는 전형적인 모던 스타일을 적용하면서도 세련되게 꾸몄다.

스터디존 전체(다른 방향 1)

스터디존 전체(다른 방향 2)

스터디존 프라이빗 1인석

높은 차단감은 느끼되 답답하지 않은 좌석 형태이며,
시선을 차단한 개인화 콘셉트로 디자인했다.

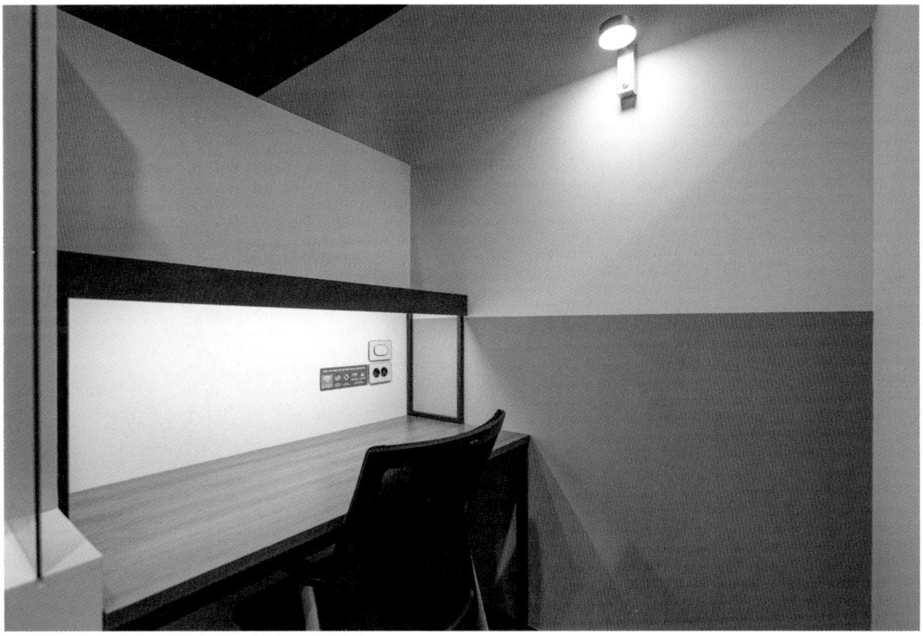

스터디존 프라이빗 1인석(다른 방향)

스터디존 프라이빗 1인석(확대 컷)

넉넉한 책상 크기에 간접 조명을 사용해 학습에만 집중할 수 있도록 디자인했다.

스터디룸

화장실

현대식으로 깔끔하게 디자인했다.

성내동
늘봄 스터디카페 40평

평면도

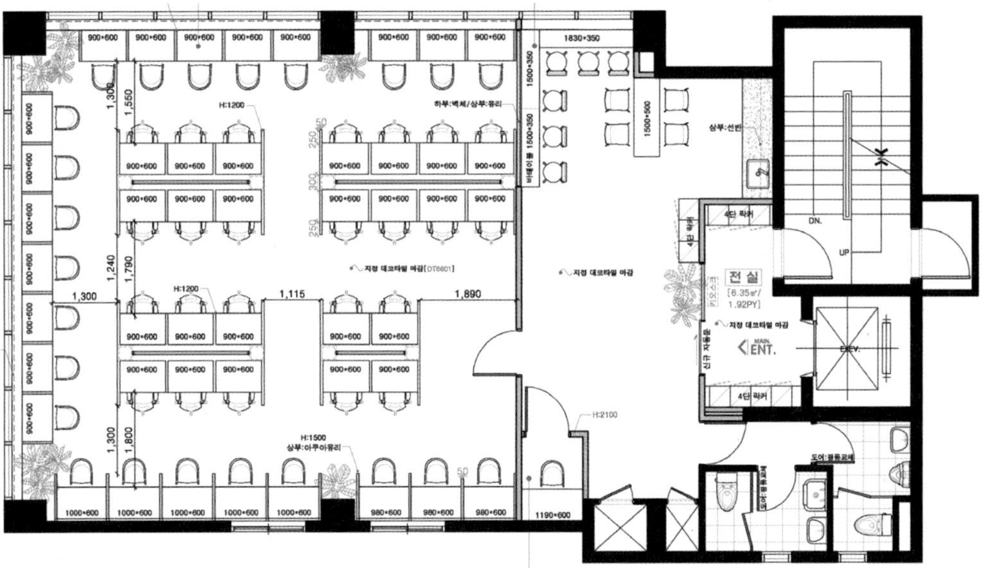

엘리베이터 앞에 전실이 나오는 구조로,
전실 내부에 5단 개인 사물함을 배치했다.

분리수납 수거장(하단 싱크) & 5단 개인 사물함

전실 우측에 하단 싱크 및 상단 선반을 배치했으며, 하단 싱크에는 폐자재 분리수납 수거장을 설치하고 5단 개인 사물함을 배치했다.

휴게실

휴게실에는 음료 냉장고, 냉온수기, 커피머신,
컵 자외선 소독기, 다과를 비치했다.

휴게실 TEA 테이블

휴게실에서 차를 마실 수 있도록 TEA 테이블을 만들었으며, 창문에는 간편히 작동할 수 있는 우드슬랫을 설치해 자유롭게 채광 조절을 할 수 있도록 했다. 블라인드는 스마트한 오동나무로 제작해 섬세하게 채광 조절을 할 수 있도록 디자인했다. 바닥재 역시 마루 질감이 나는 데코타일을 부착했다.

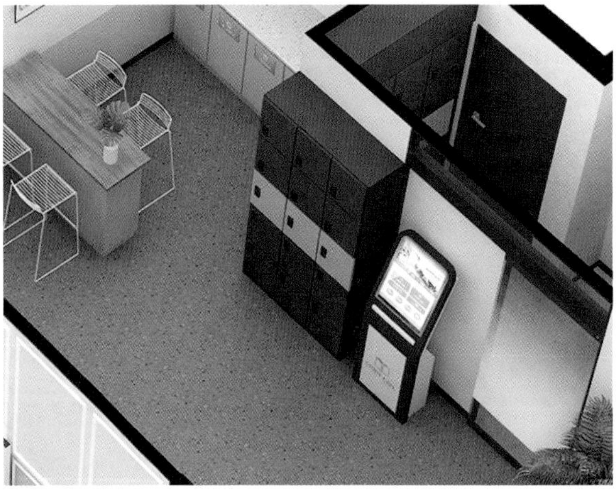

키오스크

최저임금 인상으로 인건비 부담이 늘자 무인 키오스크를 이용하는 무인 창업이 늘어나고 있다. 가성비 좋은 키오스크를 설치했다.

스터디존

좌석은 42평에 47석을 배치했으며, 좌석 경계는 아쿠아 유리를 써 옆 사람과 시선을 차단할 수 있게 했다.

스터디존(다른 방향 1)

아쿠아 유리는 마치 유리 표면에 반사된 물결 같은 효과를 줘 신비로운 느낌을 연출한다.

스터디존(다른 방향 2)

천장을 오픈해 다크그레이 색상으로 도색함으로써 스터디카페의 답답함을 없애고, 각 책상마다 팬던트 조명을 사용해 공부하는 데 집중할 수 있도록 디자인했다.

스터디존(다른 방향 3)

스터디존(다른 방향 4)

강서구 화곡동
와이엔 스터디카페 45평

와이엔 스터디카페의 경쟁력

1. 모던 스타일로 집중력 향상을 최우선에 둔 국내 최고의 디자인을 뽑았다.
2. 블랙 & 화이트를 콘셉트로 하는 인테리어는 모던하면서도 세련된 스타일로 디자인했다. 지나치게 유행을 따르지 않아 장치 산업에 적합하다.
3. 집중력을 최대치로 끌어올려주는 집중존을 설계했다.

*** 존이란?**

집중력이 극한에 다다를 때 몸과 마음의 균형이 최고조에 이르러 최고의 실력을 발휘할 수 있도록 지원하는 공간을 말한다.

평면도

자동문을 지나면 전실과 카페테리아, 관리자실이 나오도록 배치했다. 내부에 탕비실, OA 공간, 개인 사물함, 창고, 카페존 22석(좌측), 집중존 21석(우측)으로 총 43석을 디자인했다.

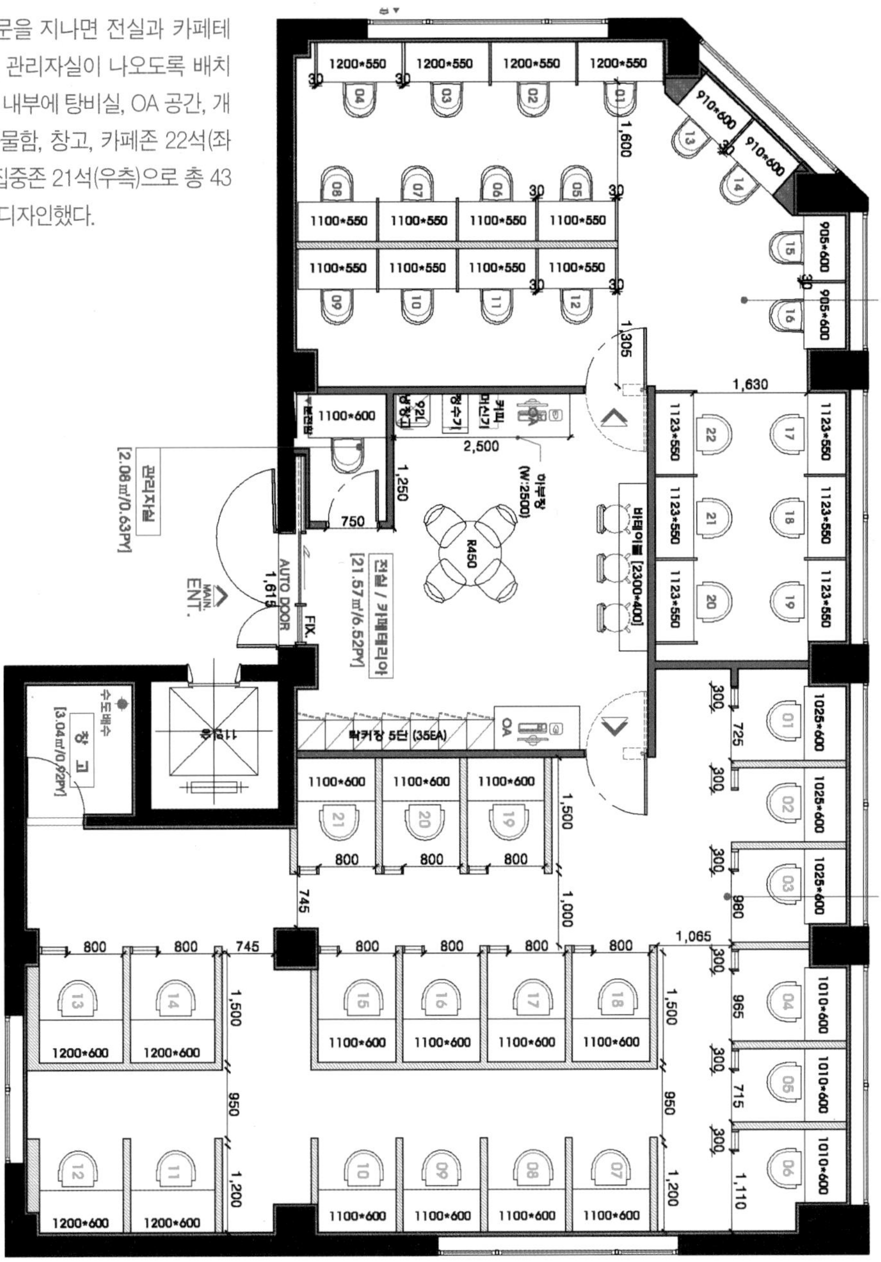

아이소메트릭

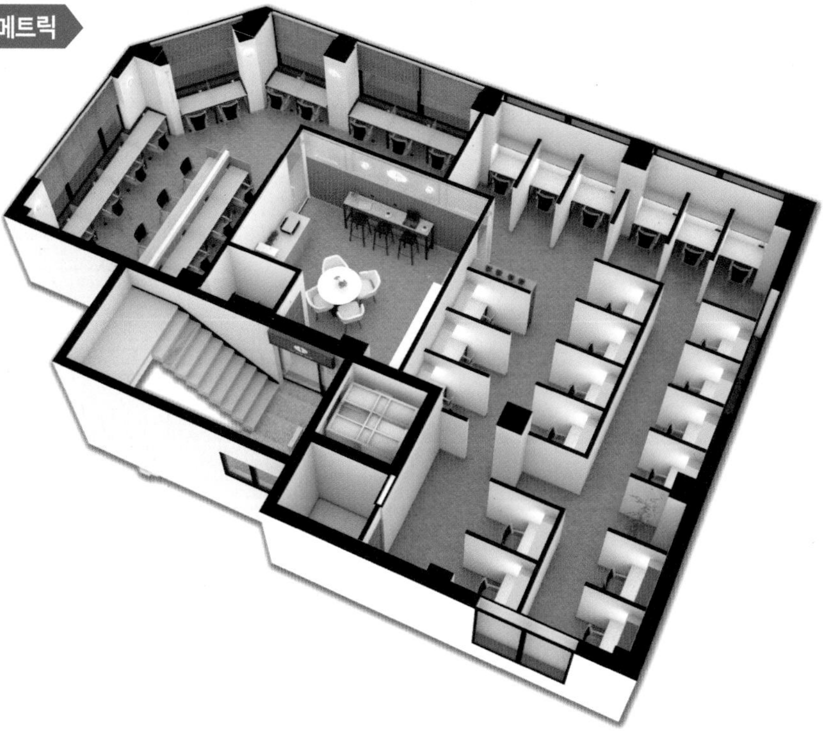

아이소메트릭(다른 방향)

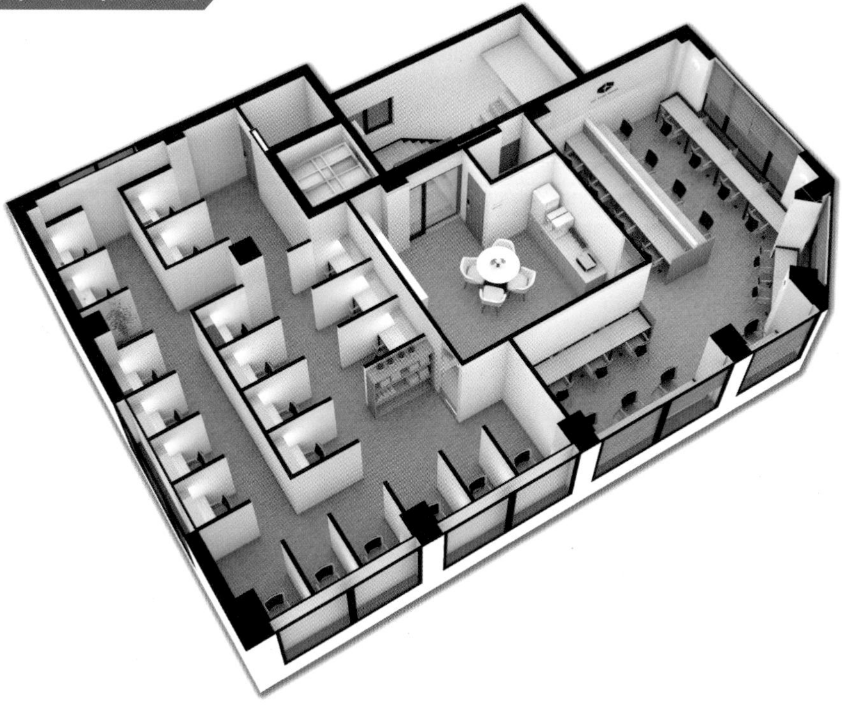

개인 사물함 & TEA 테이블

자동문 바로 앞에 개인 사물함과 TEA 테이블을 배치했다.

외부 파사드

카페테리아

인조대리석 상판에 분리수거함, 얼음 냉장고, 제빙기, 다과 진열대, 스타벅스 원두커피, 냉온수기, 각종 음료, 냉장고, 시리얼을 비치했다.

카페테리아(다른 방향 1)

미세한 입자까지 정확하게 감지하며 H13 필터라 99.9% 먼지를 걸러주는 레이저 PM1.0 센서 공기청정기를 곳곳에 비치했다.

카페테리아(다른 방향 2)

바닥재는 대리석 질감이 나는 데코타일을 썼으며 인조대리석, 싱크대 상판, 고성능 프린터기(무료), 천장에는 화려한 조명을 달아 럭셔리하게 연출했다.

ZONE
모두의 성공을 기원합니다

카페존

편안하고 아늑한 카페 분위기를 연출하면서도 집중력 향상에 도움을 주는 백색소음이 있는 공간을 연출했다.

카페존(다른 방향)

천장을 오픈해 갑갑함을 없애는 한편, 천장과 벽체를 깔끔한 화이트로 마감해 집중력을 강화시켰다. 천장 조명은 라인 조명을 사용해 클래식한 분위기를 연출했다.

시디즈 의자

장시간 앉아서 공부해도 불편하지 않도록 서울대 도서관에서 사용하는 시디즈 의자를 전 좌석에 배치했다.

스터디카페 인테리어 사례

집중존(아이소메트릭)

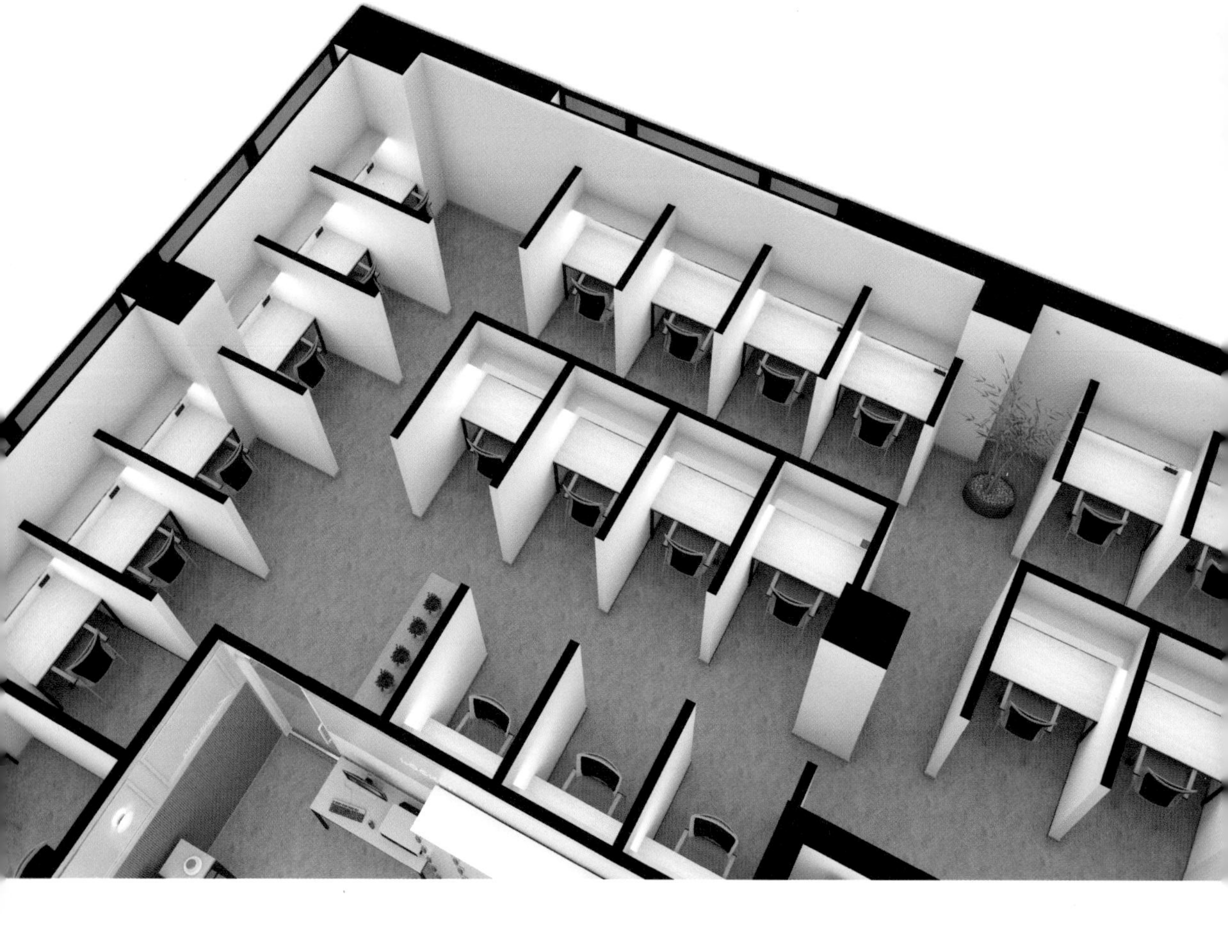

집중존

천장에는 어두운 색을 쓰고 벽체와 파티션 컬러는 화이트로 대비시켜 집중력을 높였으며, 필요 없는 장식과 색상은 과감히 배제해 공부에만 집중할 수 있는 공간을 연출했다.

집중존 좌석

집중존 좌석(확대 컷)

1m 20cm의 넓은 책상과 시디즈 의자를 배치했으며, 밝은 조명 아래서 오랫동안 공부해도 피곤해하지 않고 집중할 수 있는 모던 스타일로 설계했다.

석남동
클레버 스터디카페 60평

클레버 스터디카페의 경쟁력

1. 학생들은 공부할 때 소음이 없는 조용한 공간을 선호하므로 스터디카페 전 구간의 벽체를 흡음 보드로 감싸 최대치의 방음 효과를 주었다.
2. 조명 배치와 밝기 또한 공부에 몰입할 수 있는 환경 조성에 중점을 두어 인테리어 했다.

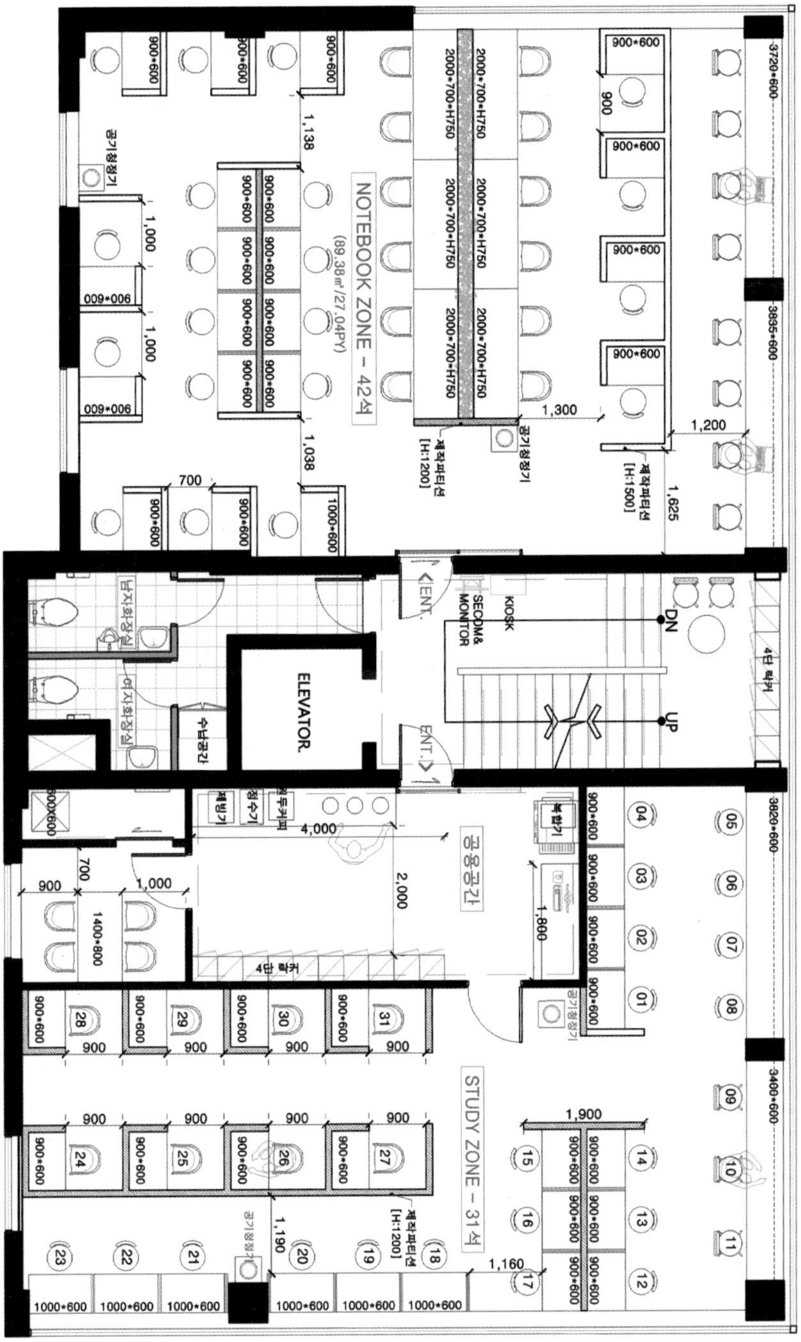

평면도

전용 60평 공간을 노트북존 42석(좌측), 스터디존 33석(우측), 탕비실, 관리자실로 분할해 설계했다.

입구

벽걸이 키오스크를 설치해 깔끔한 이미지를 연출했다.

개인 사물함

입구에서 발생하는 소음을 차단할 수 있도록 흡음 보드로 벽체를 마감했다.

내부

기본 인테리어 외에 천장 텍스 석면 제거, 환기 시스템, 소음 방지 방음 공사를 진행했으며 현금 입금이 가능한 키오스크를 설치하고 에어컨 공사 및 기본 가구 공사를 진행했다. 공부하는 학생들에게 편안함과 익숙함, 집중력을 상승시켜주는 콘셉트로 디자인했다.

내부(다른 방향 1)

클레버 스터디카페의 가장 큰 장점은 많은 파티션을 사용해 좌석을 분리한 것으로, 공부에 몰입할 수 있도록 디자인했다.

내부(다른 방향 2)

낮은 천장을 오픈시켜 개방감을 주고, 천장은 블랙톤 색상으로 뿜칠해 갑갑함을 없앴다. 기둥은 자연 친화적인 파벽돌을 사용하고 간접 조명을 달아 럭셔리함을 더했다.

내부(다른 방향 3)

바닥은 빈티지한 데코타일로 부착하고 유럽풍의 간접 조명을 많이 사용해 공부하는 학생들이 편안함과 익숙함, 집중력을 가질 수 있는 콘셉트로 디자인했다.

노트북존

고급스러운 멀바우 목재로 책상을 제작해
스터디카페의 품격을 한층 더 높였다.

천장 환기 시스템 & 공기청정기

천장에 환기 시스템을 설치했으며, 공기청정기도 곳곳에 설치해 실내 공기에 포함되어 있는 오염 물질을 정화하는 한편, 신선한 공기로 바꿔주어 학생들에게 심리적으로도 쾌적한 안정감을 주도록 했다.

50
51
52
53
54

조명

모던하고 깔끔한 분위기를 기본으로 집중할 수 있도록 직부 및 간접 조명을 활용해 공부에 최적화된 인테리어를 시공했다.

화장실

화장실도 깨끗이 리모델링해 쾌적함을 높였다.

파티션

파티션에는 아쿠아 유리를 사용했다. 아쿠아 유리는 완전히 불투명하지도 않고 완전히 투명하지도 않기 때문에 은은하게 비치는 모습이 고급스러우면서도 옆 사람과 시선 차단이 되어 공부에 집중할 수 있다.

강남구 개포동
스터디카페 포레 33평

의뢰인 인터뷰

안녕하세요?

인테리어 회사를 운영하시면서 성공드리미라는 스터디카페와 공유 오피스 프랜차이즈도 운영하고 계셔서 신뢰가 갔습니다. 공유 오피스 및 스터디카페를 직접 설계하고 시공한 경험이 많은 대표님이셔서 신뢰감을 갖고 디자인과 현장 시공을 맡길 수 있었습니다.

특히 집중 공간은 몰입된 공간에서 공부할 수 있도록 전체적으로 어두운 컬러를 활용함으로써 모던하고 차분하면서도 엄숙한 분위기로 연출해 심리학적으로 집중할 수밖에 없어 스터디카페 포레의 최고 경쟁력이라고 자신 있게 말씀드릴 수 있습니다.

또한 최근 연구에서 두뇌활동에 도움이 된다고 입증된 고농도 산소 발생기를 설치하고, 최고급 사양의 시디즈 의자와 눈부심 방지 각도 및 밝기 조절까지 되는 논플리커 삼성 LED 스탠드를 구비해 다른 스터디카페와 차별화를 주었습니다.

최고 품질의 명품 스터디카페를 만들어주신 대표님께 감사드립니다.

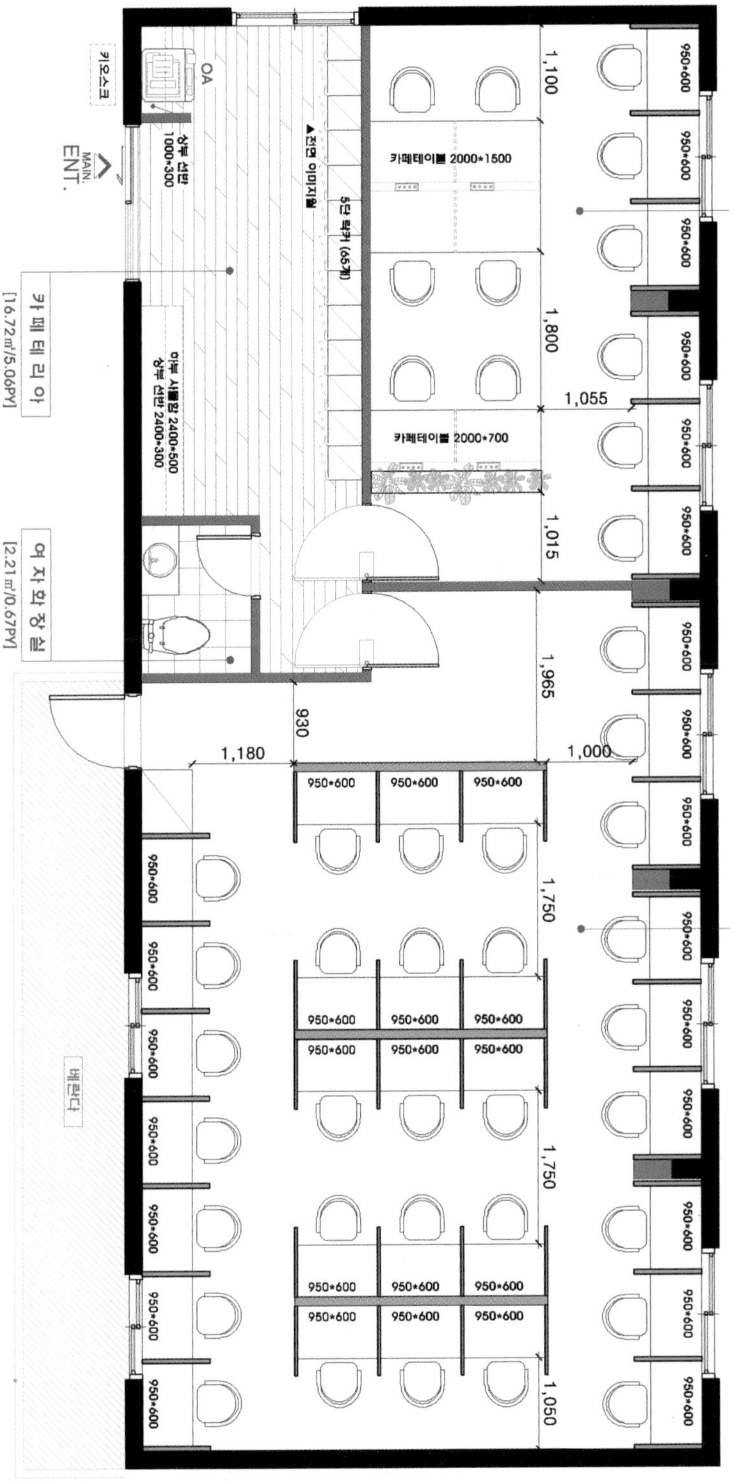

평면도

자동문을 열고 들어가면 정면에 내부 이미지월, OA 공간, 미팅룸, 여자 화장실 2개(독립형)가 위치하며 좌측에는 카페존 17석, 우측에는 집중존 30석을 배치했다.

외부 파사드

카페존

교육 전문가들은 공부하는 사람의 성향에 따라 효과적인 공부 장소가 다를 수 있다고 한다. 스터디카페 포레는 카페존, 집중존 2개의 공간으로 차별화된 공간을 제공해 학생들의 집중력과 학습 능률이 오를 수 있게 디자인했다.

WOMAN
문열기 전 노크해주세요!
10

카페존(다른 방향)

천장을 오픈해 갑갑함을 없앴으며, 조명은 눈부심을 최소화한 원형 LED 조명으로 고급스러운 분위기와 감각적인 인테리어를 보여주었다. 특히 화이트 기본 컬러에 우드 컬러를 배합해 차분함을 강조함으로써 집중력을 상승시켜 학습 능률을 올릴 수 있도록 설계했다.

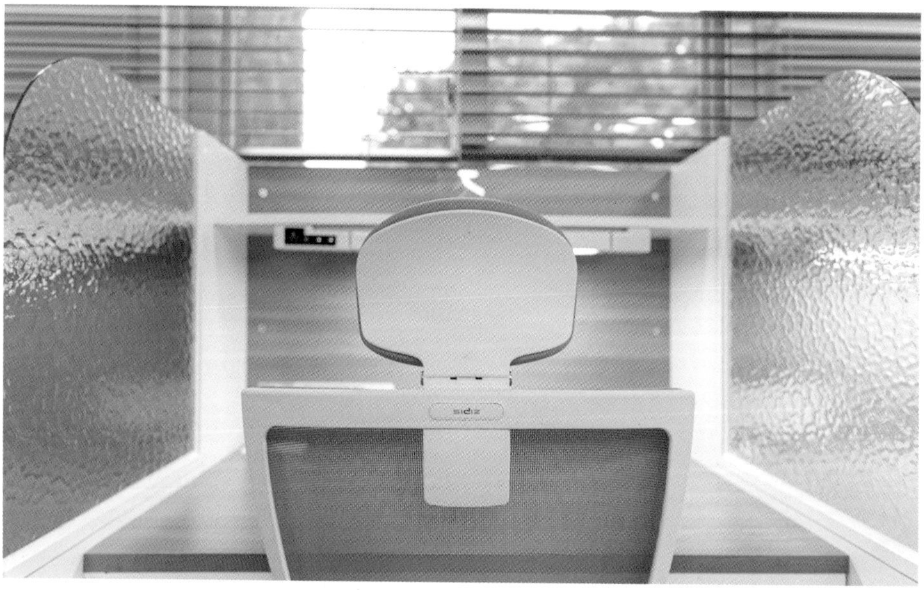

시디즈 의자

일명 서울대 의자라고도 불리는 시디즈 의자 중 T500HLDA 최고급 사양 모델을 전 좌석에 배치했다. 하루 종일 앉아서 공부를 해도 편안하다.

시디즈 의자(다른 방향)

기본 색상으로 깨끗하고 깔끔한 인상을 주는 화이트 컬러와 편안함과 따뜻함이 자연스럽게 어울리는 우드톤 컬러를 사용했으며, 시디즈 T500 최고급 사양 의자를 배치해 럭셔리하게 연출했다.

집중존

몰입된 공간에서 공부할 수 있도록 전체적으로 어두운 컬러를 활용해 모던하고 차분하고 엄숙한 분위기로 연출했다. 심리학적으로 집중할 수밖에 없는 집중 공간으로 디자인했다.

집중존 좌석(확대 컷)

아파트에서 도보 1분 거리에 위치해 있으며, 공기와 채광이 좋아 학습하는 데 최적의 조건을 갖추고 있다.

집중존(다른 방향 1)

개인 프라이버시를 위해 아쿠아 유리로 시선을 차단했다.

집중존(다른 방향 2)

집중존 내부는 우드 소재를 사용해 부드럽고 따뜻한 느낌을 주는 한편, 공부에 집중하고 몰입할 수 있는 인테리어를 연출해 자연스럽게 학습 능률을 올릴 수 있도록 설계했다.

삼성 논플리커 LED 스탠드

카페존 및 집중존 전 좌석에 앞뒤로 각도 조절 및 밝기 조절이 가능한 LED 램프를 사용했다. 삼성 논플리커 LED 스탠드 램프 전면부에는 눈부심 방지 보호 커버가 부착되어 있어 장시간 공부해도 눈의 피로도를 저하시켜주는 한편 집중력 상승에 도움을 준다.

산소 테라피

총 6개의 OXUS 산소 테라피(산소 발생기)를 설치해 다른 스터디카페와 차별화했다. 최근 연구에 따르면 뇌에 충분한 산소를 공급해주면 졸음 방지와 활발한 두뇌 회전에 도움이 될 뿐만 아니라 산소량 부족 시 두통이나 무기력증이 오다가도 고농도 산소를 마시면 기억력이 향상된다는 결과가 발표되어 산소 테라피가 큰 인기를 끌고 있다.

화장실

독립형 화장실 2개를 내부와 외부에 별도로 배치했으며 깨끗하게 리모델링했다.

그룹 스터디룸

과외, 그룹 스터디가 가능한 룸이 준비되어 있으며, 산소 발생기가 설치되어 있다.

강동구 천호동
몽 스터디카페 48평

평면도

자동문을 열고 들어가면 공용 공간인 전실에 카페테리아, 사무 비품실이 위치해 있으며 그 외 집중존 23석, 카페존 26석, 화장실, 창고가 배치되도록 디자인했다.

아이소메트릭

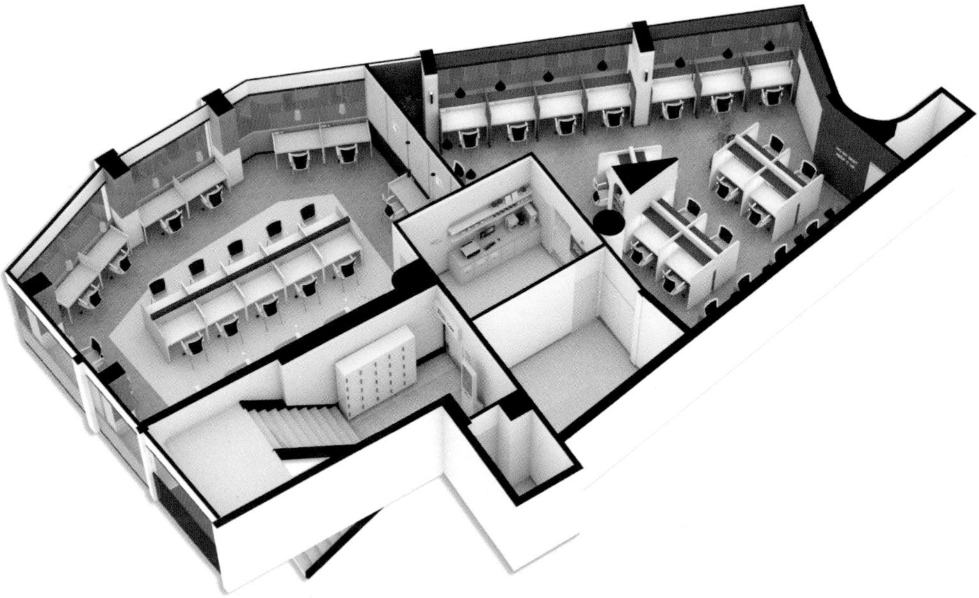

아이소메트릭(다른 방향 1)

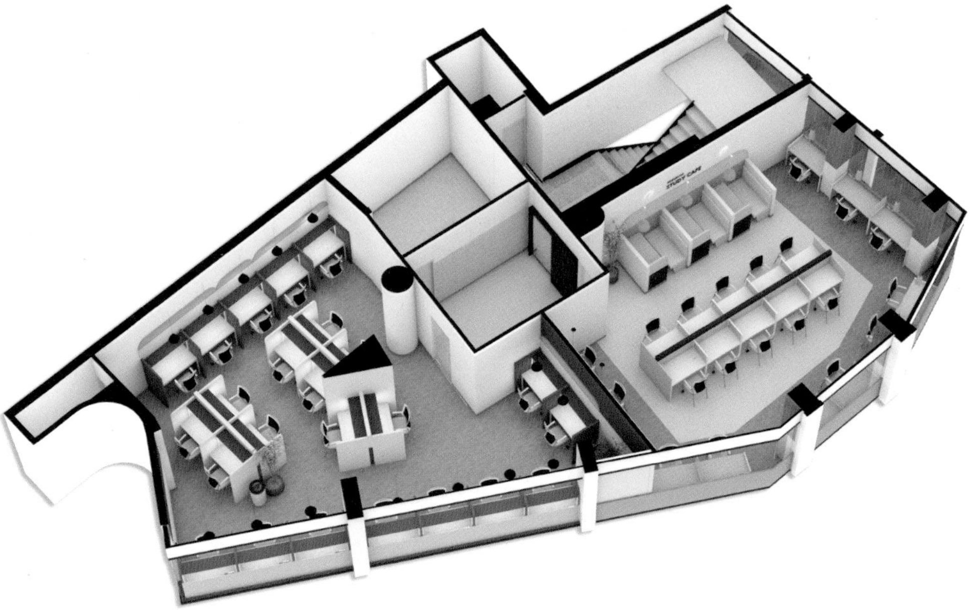

입구

똑같은 공간이라도 어떤 컬러를 어떻게 매치하느냐에 따라서 인테리어 분위기가 크게 달라진다. 몽 스터디카페는 깔끔한 화이트 컬러를 사용했으며, 필요 없는 장식은 과감하게 배제한 모던 스타일로 산뜻하고 럭셔리하게 디자인했다.

복도

입구 복도에는 개인 사물함과 키오스크를 배치했다.

카페테리아 & OA 공간

깔끔한 화이트와 연하늘색이 어우러진 인테리어가
안정적이면서도 세련된 분위기를 연출한다.

카페테리아(확대 컷)

고급 인조대리석 싱크대 상판 위에는 프리스 제빙기, 베누스타 최고급 원두 커피머신, 냉온수기, 다과 등을 비치했다.

카페존

전형적인 모던 스타일로 근대적이고 현대적이면서도 최신 유행까지 가미한 세련되고 간결한 스타일로 디자인했다. 실용성을 강조하기 때문에 필요 없는 장식과 패턴은 과감하게 배제했으며, 오래되어도 싫증이 나지 않는 화이트와 블랙 색상을 조합했다.

카페존(다른 방향 1)

화이트 컬러와 우드 소재를 조합한 화이트 우드 인테리어는 유행과 상관없이 꾸준하게 인기를 얻는 인테리어 중 하나다.

카페존(다른 방향 2)

카페존에서 공부하는 사람의 취향에 따라 우드 블라인드를 열고 닫을 수 있도록 디자인했다.

카페존(다른 방향 3)

창가 자리는 밖의 뷰를 즐기면서도
집중할 수 있도록 디자인했다.

집중 공간

몰입해서 공부할 수 있도록 천장은 전체적으로 어두운 컬러로 마감했으며, 모던하고 차분하면서도 엄숙한 분위기가 느껴지는, 심리학적으로도 집중할 수 있는 공간으로 디자인했다.

공기청정기

몽 스터디카페는 실내 곳곳에 공기청정기를 설치해 다른 스터디카페와는 차별화된 서비스를 제공했다. 최근 연구에 따르면 뇌에 맑은 공기를 공급해주면 졸음 방지와 활발한 두뇌 회전에 도움이 되며 기억력이 향상된다고 한다.

카페존 & 집중존

몽 스터디카페는 학생들에게 카페존, 집중존 2개의 차별화된 공간을 제공해 학습 능률 향상에 최적화된 공간으로 디자인했다.

여주시 홍문동 순 스터디카페 65평

평면도

정면에 남녀 화장실을 배치했으며 좌측에는 집중 공간 24석, 우측에는 카페 공간 44석으로 총 68석을 배치했다. 공부 공간을 카페존과 집중존으로 나누어 자유롭게 선택할 수 있도록 디자인했다.

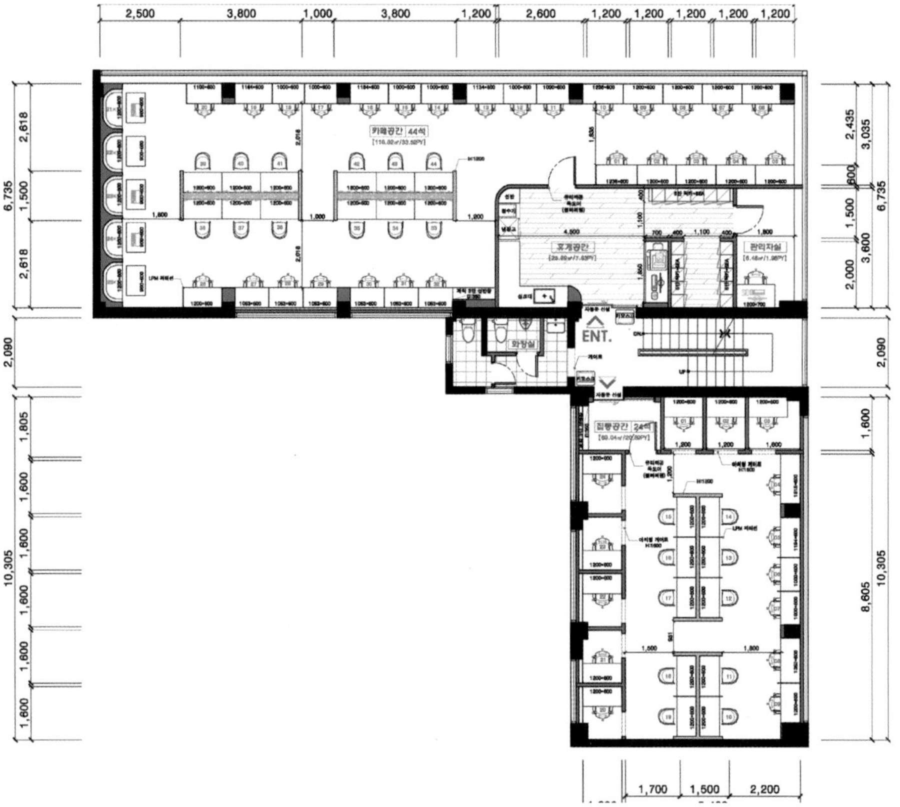

아이소메트릭

우측 자동문을 열고 들어가면 휴게 공간, 관리자실, 카페 공간 44석이 있으며 좌측 자동문을 열고 들어가면 집중 공간 24석이 있다.

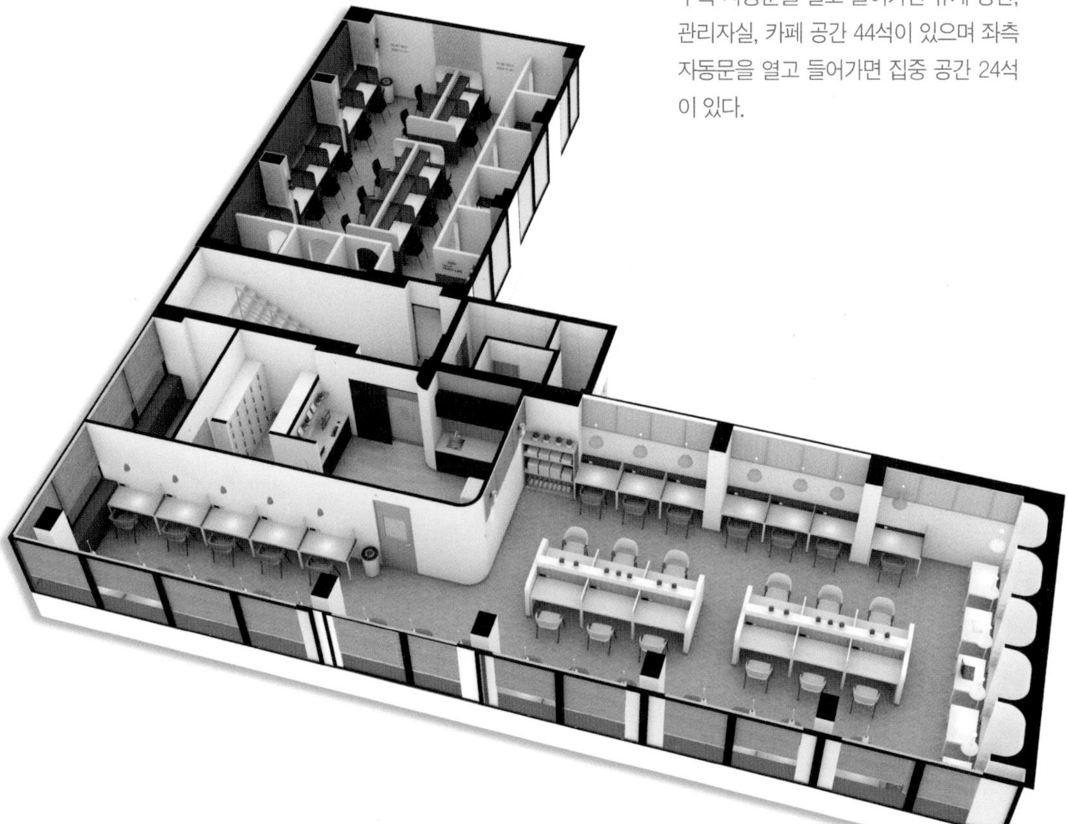

아이소메트릭(다른 방향 1)

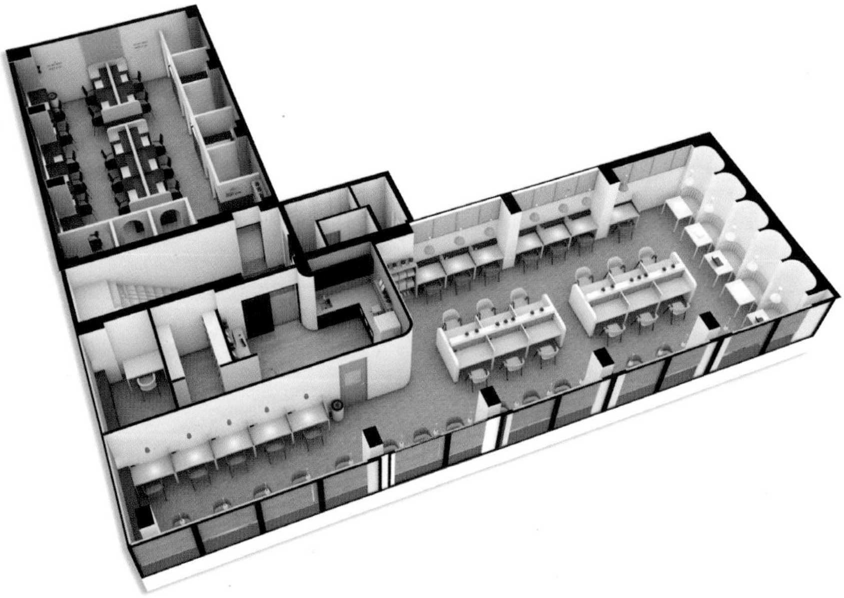

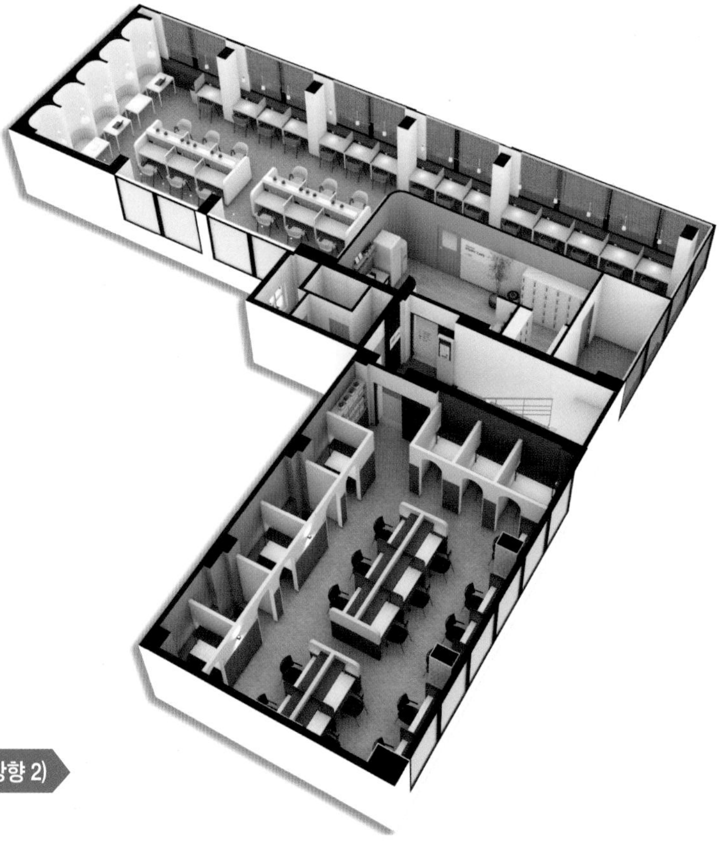

아이소메트릭(다른 방향 2)

순스터디 카페
SOON STUDY CAFE
CAFE ZONE
CAFETERIA
PRINT, FAX, SCAN
LOCKER
STORAGE
순스터디 카페
SOON STUDY CAFE

입구

카페존 입구

화이트, 그레이, 청록색을 사용해 환상적인 조합을 연출했으며 순수한 소녀가 연상되는 이미지로 입구를 디자인했다.

카페테리아

화이트, 다크그레이, 청록색으로 럭셔리한 분위기를 연출하였으며 인조대리석 상판에 분리수거함, 음료 냉장고, 다과 진열대, 고급 원두 커피머신, 각종 다과를 비치했다.

카페존(아이소메트릭)

현대적이면서도 근대적이며 가장 세련된 최신 유행을 따르되 실용성을 강조했다. 필요 없는 장식과 패턴은 과감하게 배제된, 오래되어도 싫증 나지 않는 화이트 색상을 사용해 전형적인 모던 스타일로 디자인했다.

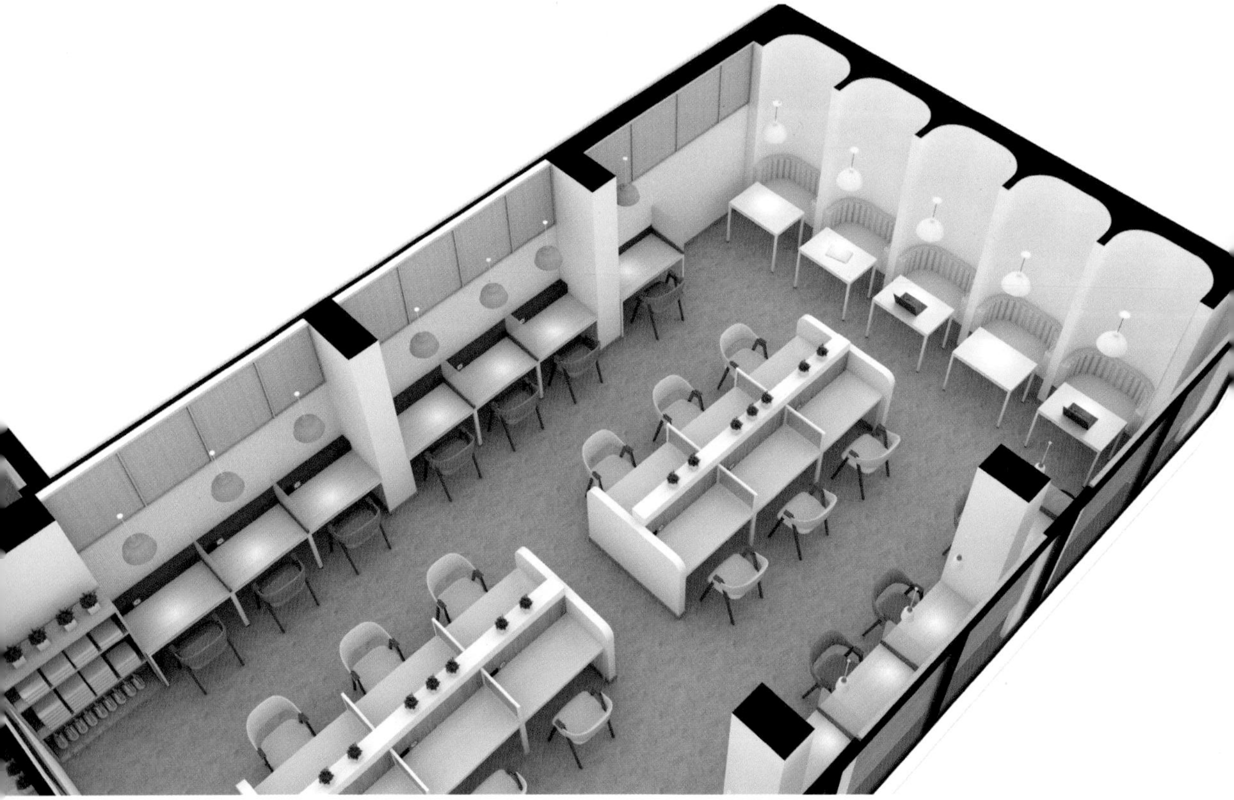

카페존

카페존(다른 방향 1)

카페존(다른 방향 2)

카페존(다른 방향 3)

기본 색상은 깨끗하고 깔끔한 인상을 주는 화이트 컬러를 사용했으며, 편안함과 따뜻함이 자연스럽게 어울리는 아이보리 컬러를 적용해 허리가 불편한 학생을 위한 붙박이 의자를 라운드로 제작했다.

집중존(아이소메트릭)

집중존

몰입된 공간에서 공부할 수 있도록 전체적으로 천장은 어두운 컬러로 마감하고, 모던하고 차분하면서도 엄숙한 분위기가 느껴지도록 디자인했다. 심리학적으로 집중할 수밖에 없도록 스터디존 인테리어를 연출해 자연스럽게 학습 능률을 올릴 수 있게 설계했다. 집중력이 극한에 다다를 때 몸과 마음의 균형이 최고조에 이르러 최고의 실력을 발휘할 수 있으며, 최상의 컨디션을 유지할 수 있도록 심리학적으로 디자인했다.

집중존(다른 방향 1)

집중존(다른 방향 2)

비상 연락망

책상마다 비상 연락 전화번호를 부착해
학생들의 편의를 높였다.

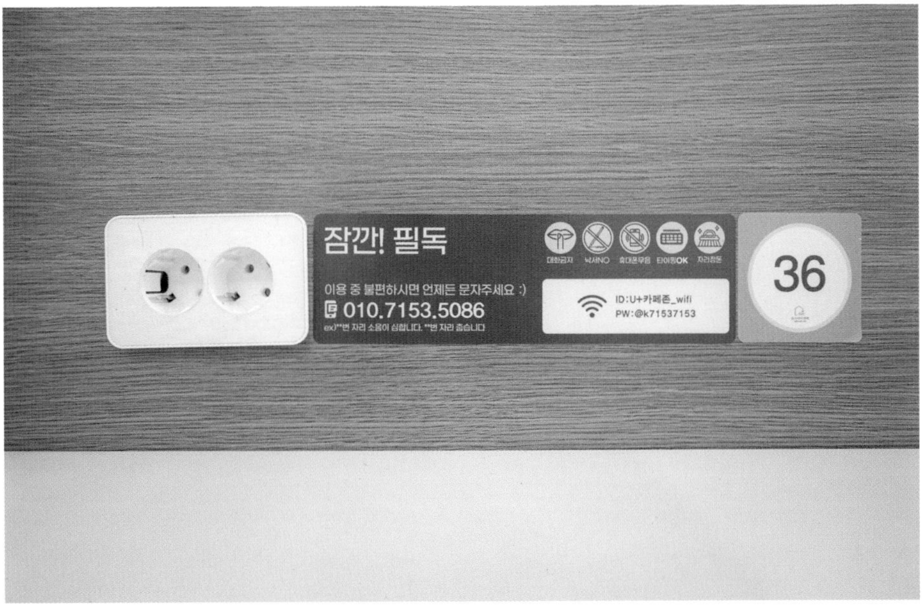

집중존(다른 방향 3)

세종시 조치원읍 서창리 달빛 스터디카페 27평

달빛 스터디카페의 입지 조건

주위 500m 반경 내에 고려대학교 세종 캠퍼스, 세종여자고등학교, 과학기술대학 공공정책대학이 있어 최고의 입지 조건을 갖춘 곳에 창업했다.

평면도

전실에서 좌측으로 들어가면 공용 공간이 있으며, 공용 공간에서 문을 열고 들어가면 스터디존 27석이 배치되어 있다.

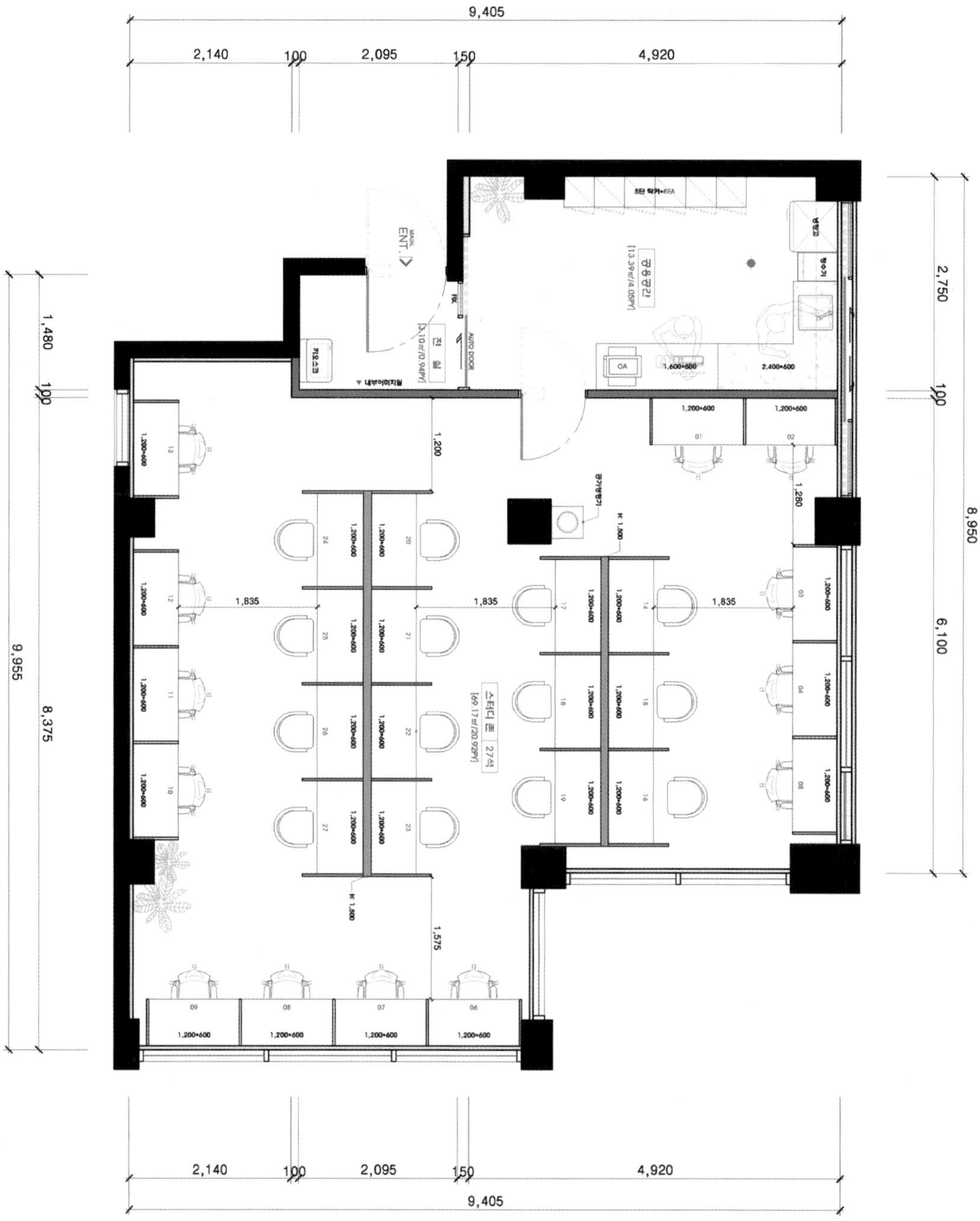
9,405
2,140
100
2,095
150
4,920
2,750
8,950
6,100
1,480
9,955
8,375
MAIN ENT.
AUTO DOOR
전실 [3.10㎡/0.94PY]
공용공간 [13.39㎡/4.05PY]
스터디 존 27석 [69.17㎡/20.92PY]
1,835
1,200
1,280
1,575
1,200×600
1,600×600
2,400×600
OA

아이소메트릭

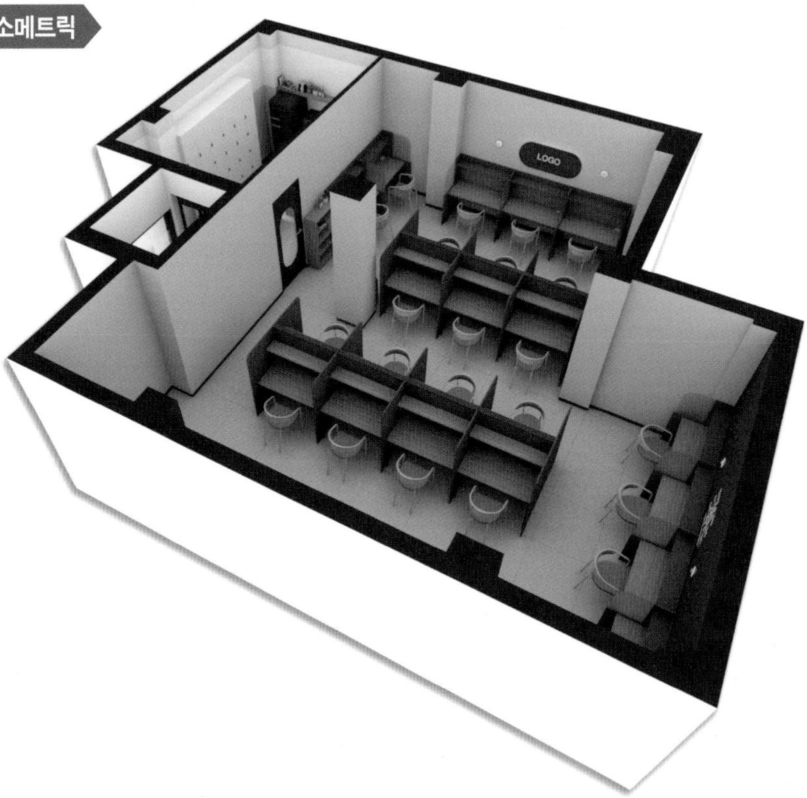

아이소메트릭(다른 방향 1)

아이소메트릭(다른 방향 2)

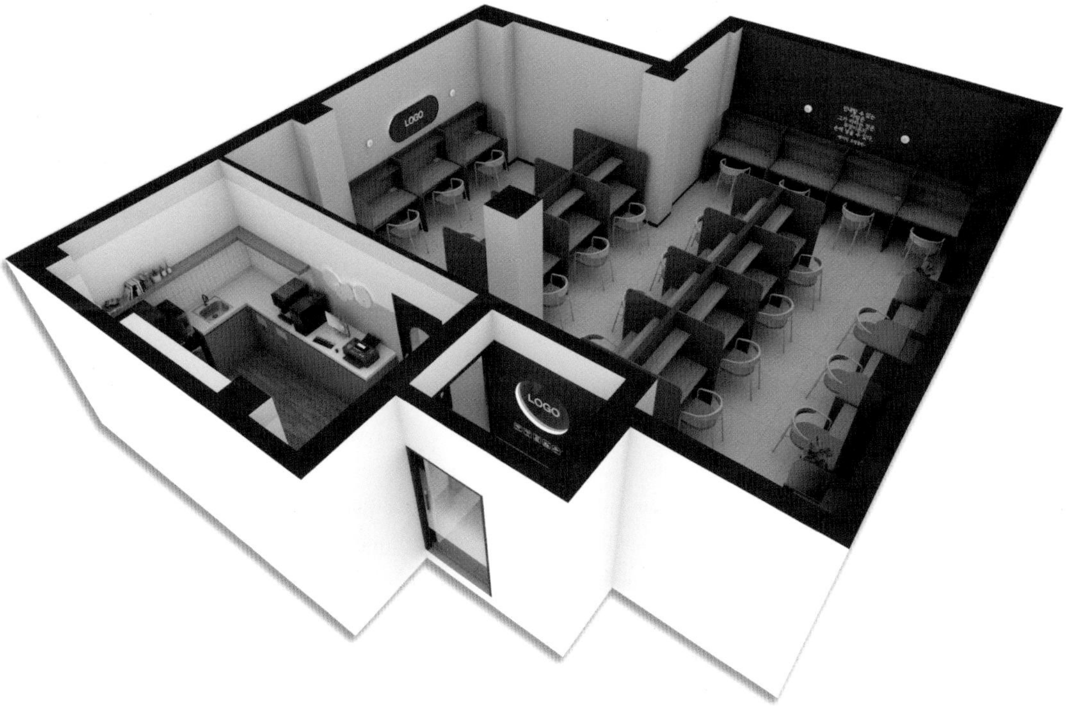

전실

STUDY ZONE

공용 공간

좌석 배치도

달빛스터디카페 좌석배치도
냉장고 정수기
사물함 1~30
컴퓨터
프린터
출입구
키오스크
01
02
03
04
05
06
07
08
09
10
11
12
13
14
15
16
17
18
19
20
21
22
23
24
25
26
달빛스터디카페
관리자 연락처 : 010-4924-0415

스터디존

책상은 넉넉한 사이즈로 디자인했으며, 각 책상마다 선반을 만들어 가방 등 학생들의 소지품을 바닥에 두지 않고 수납할 수 있도록 했다.

스터디존(다른 방향 1)

청색과 화이트를 콘셉트로 하는 인테리어는 모던하고 깔끔한 분위기를 연출해 많은 사람들이 선호하는 인테리어로 성공 가능성이 매우 높다.

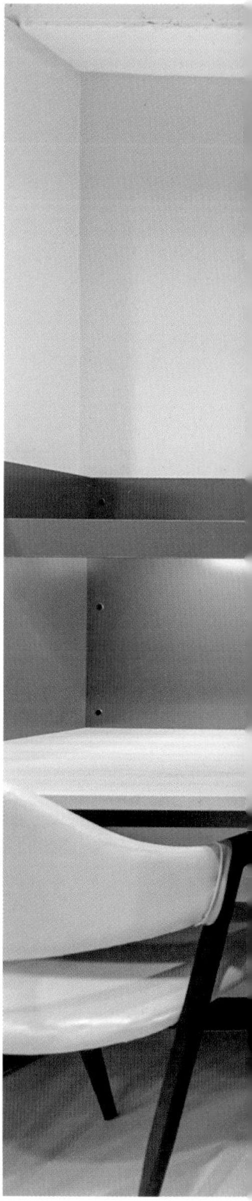

스터디존(다른 방향 2)

책상은 자연 친화적인 우드톤을 사용했으며, 전체적인 분위기는 모던한 스타일로 연출해 국내 최고 수준으로 디자인했다.

스터디존(다른 방향 3)

스터디존(다른 방향 4)

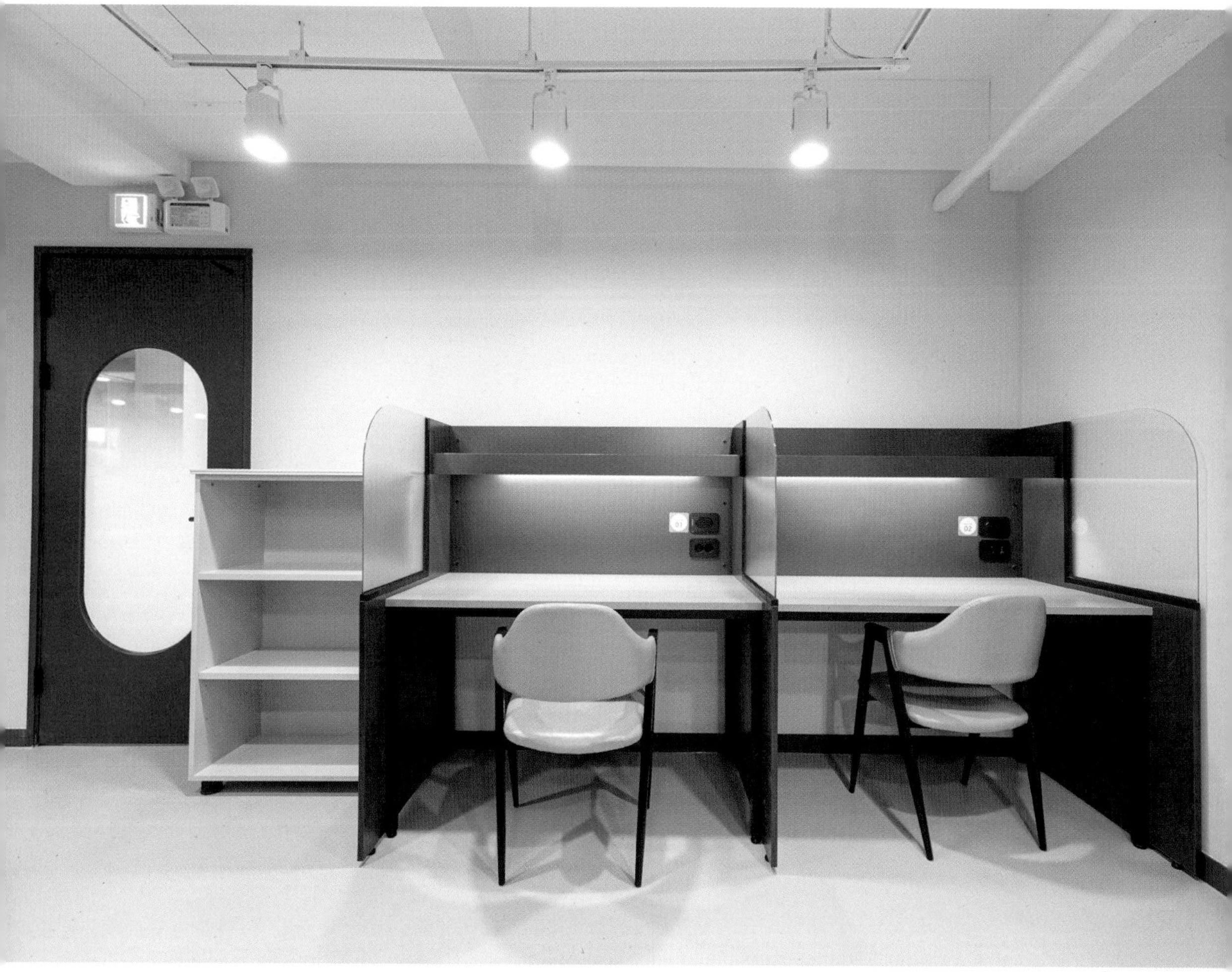

스터디존(다른 방향 5)

용상동
참 스터디카페 53평

평면도

자동문을 열고 들어가면 정면에 카페테리아, 5단 개인 사물함, 탕비실, 남녀 화장실이 위치하며 우측에 집중존 23석, 좌측에 카페존 29석을 배치했다.

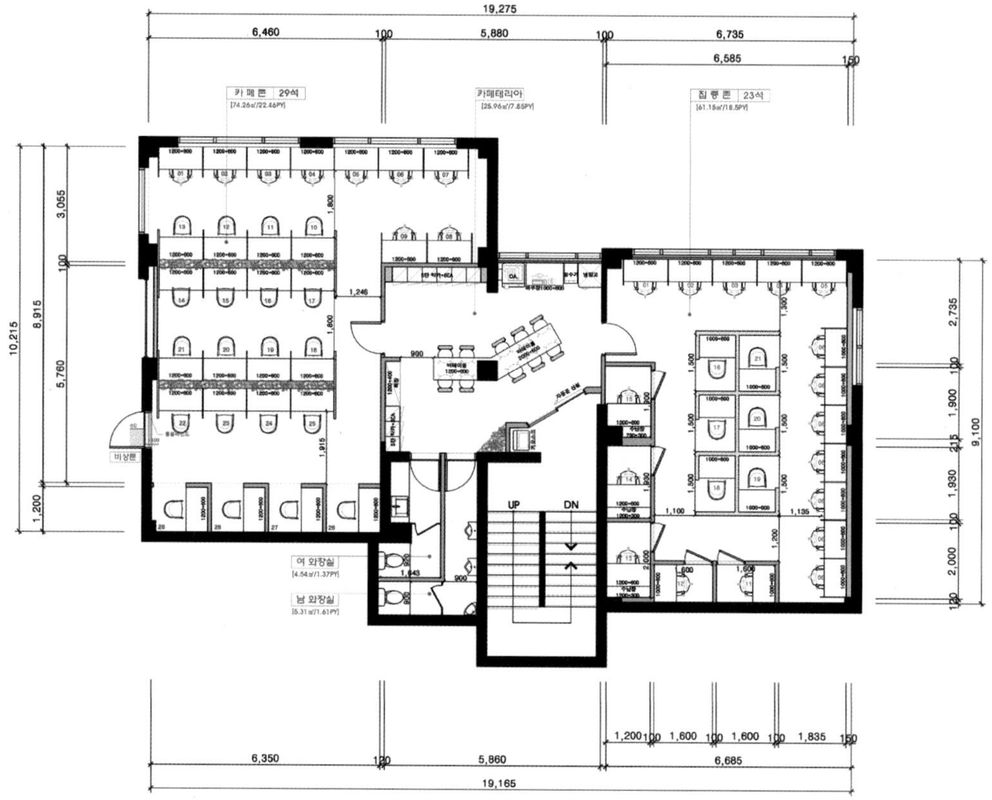

아이소메트릭

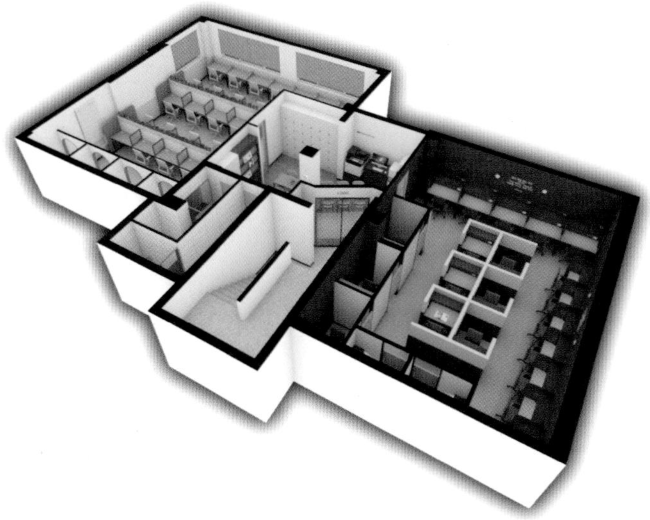

아이소메트릭(다른 방향 1)

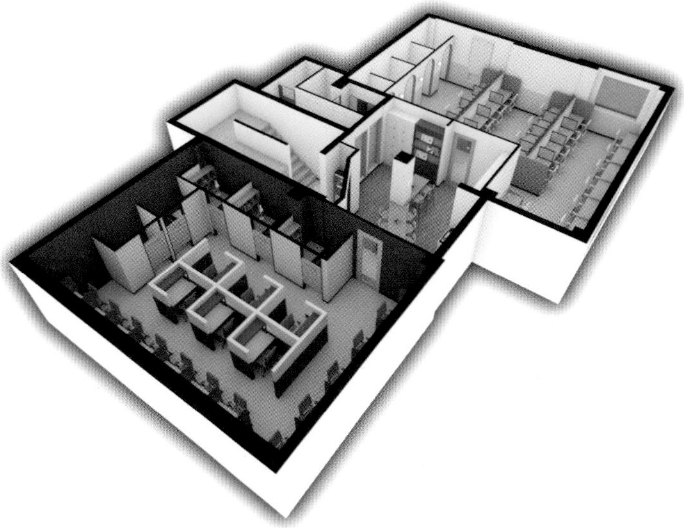

아이소메트릭(다른 방향 2)

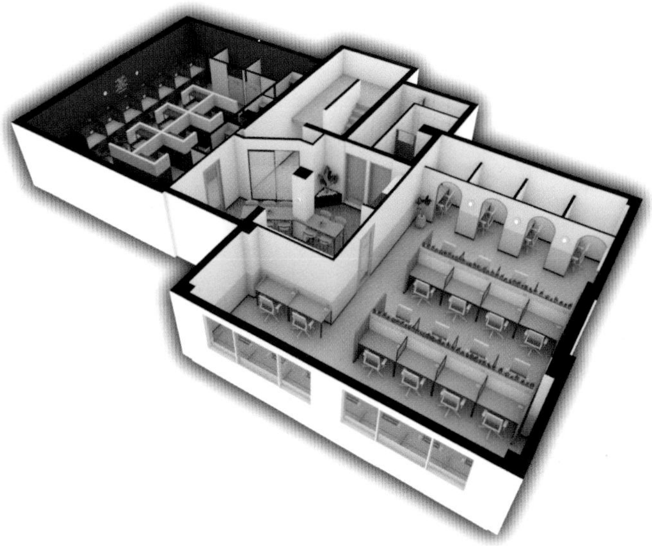

아이소메트릭(다른 방향 3)

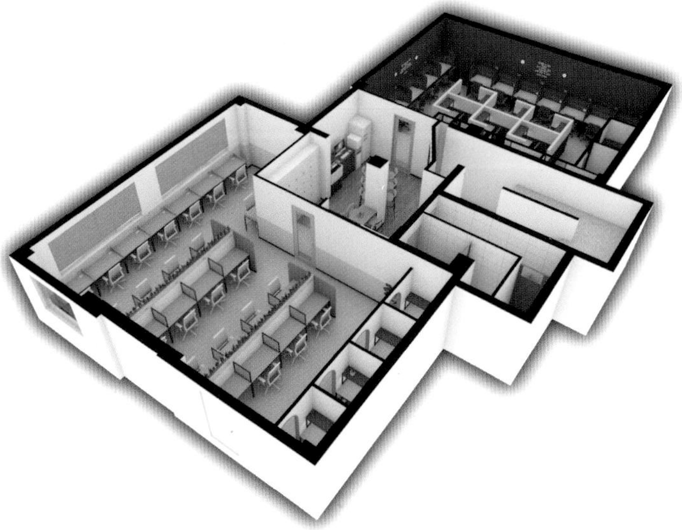

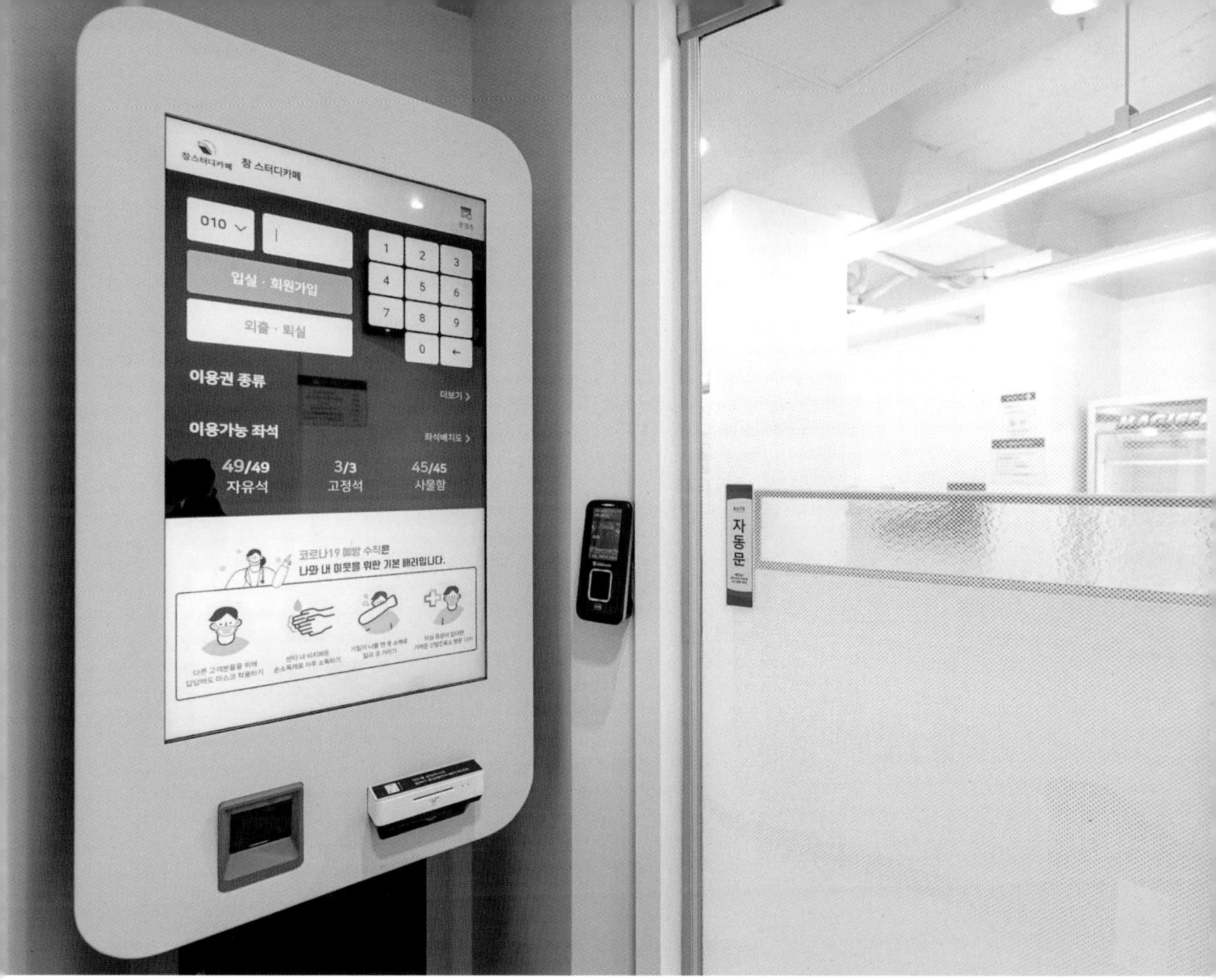

입구

주출입구 바로 옆에는 무인 운영에
최적화된 키오스크를 설치했다.

카페테리아 & 탕비실

전체적으로 화이트톤에 포인트로 파스텔톤의 분홍색 색상을 매치해 화사하면서도 산뜻한 공간을 연출했으며 음료 냉장고, 분리수거함, 원두와 최고급 커피머신, 각종 다과를 비치했다.

OA 공간

OA 기기 옆에는 사물함을 배치해 편의성을 높였다.

카페 공간 이용 수칙

벽면에 카페 공간 이용 수칙을 부착해 쾌적성을 높였다.

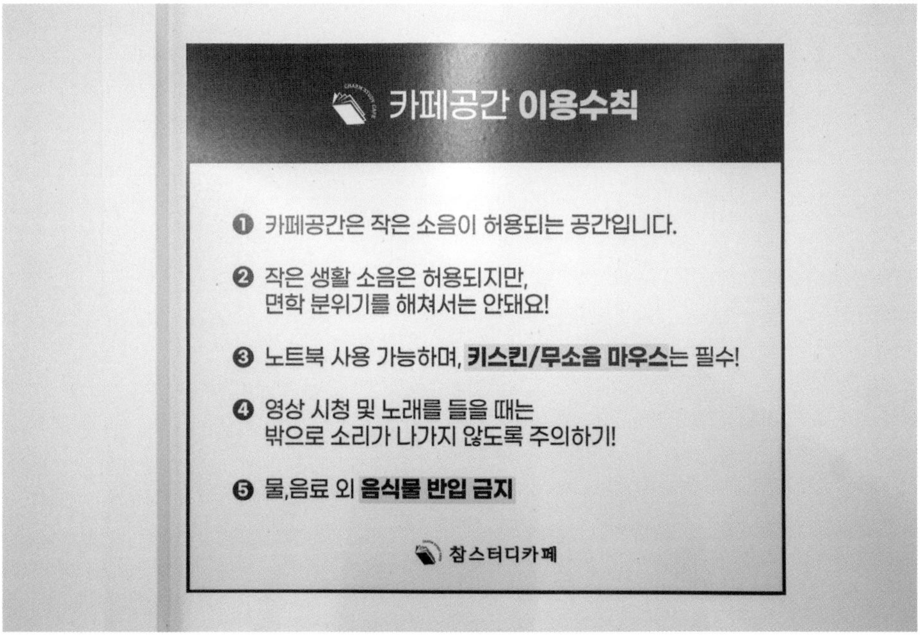

화장실

내부에 남녀 화장실을 두어 공부하는
학생들의 편의를 높였다.

카페존

화이트 컬러와 우드 소재의 블라인드 조합으로 이루어진 화이트 우드 인테리어는 유행에 상관없이 꾸준히 인기 있는 인테리어다.

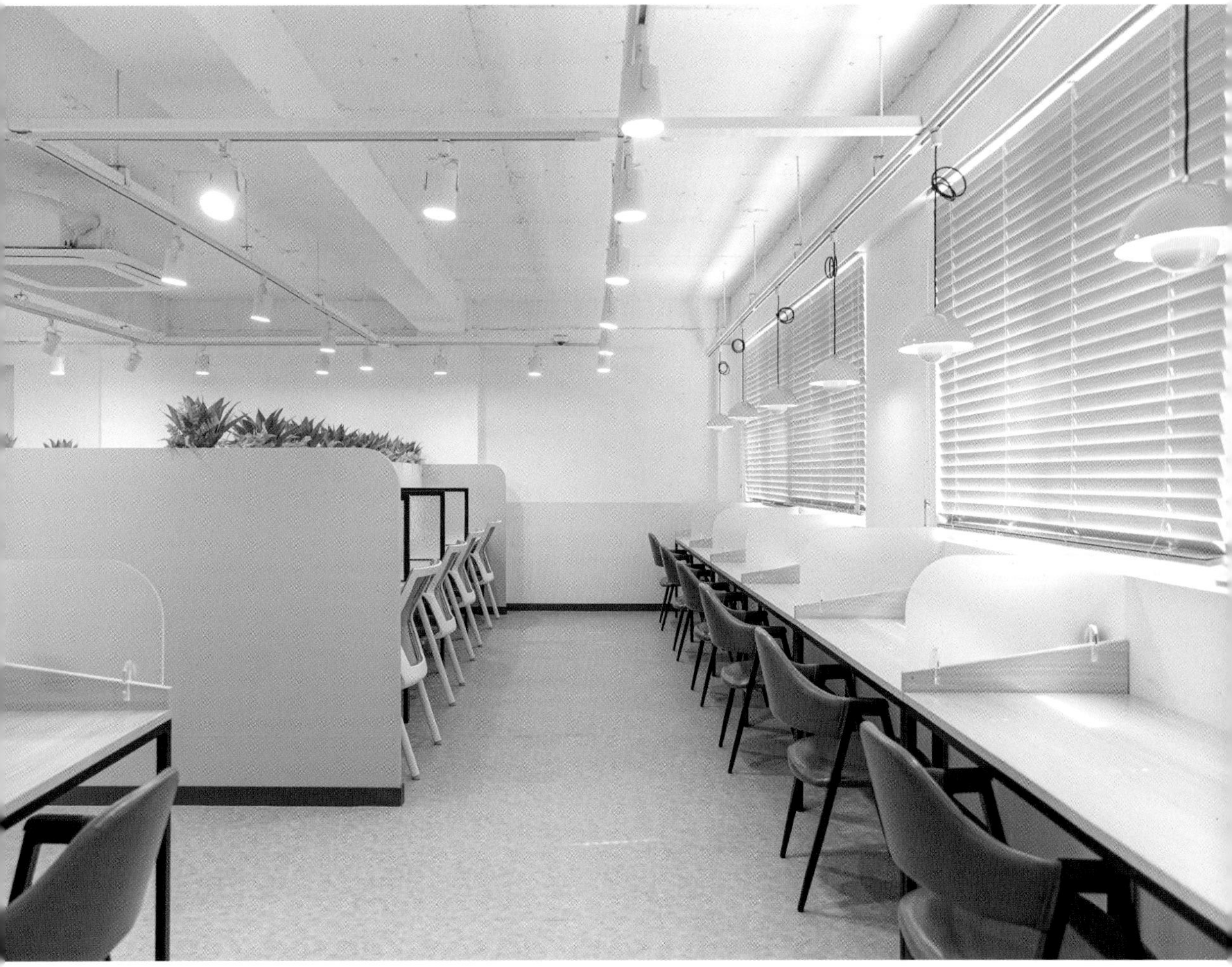

카페존(다른 방향 1)

깔끔한 화이트 컬러로 필요 없는 장식은 과감하게 배제된 모던 스타일로 연출해 산뜻하고 럭셔리한 분위기로 디자인했다.

카페존(다른 방향 2)

프라이빗존 지정석

프라이빗존 지정석(확대 컷)

넉넉한 책상 크기에 간접 조명을 사용했으며, 학습에만 집중할 수 있도록 시선을 차단했다.

시디즈 의자

서울대 도서관에서 사용하는, 인체공학적으로 디자인한 시디즈 의자를 전 좌석에 배치했다.
통풍 기능이 우수해 시원하면서도 쿠션감이 있어 허리도 편안하게 잡아주는 기능성 의자다.

집중존

몰입된 공간에서 공부할 수 있도록 천장은 화이트 컬러로 마감하고, 벽체는 다크그레이 컬러를 사용해 모던하면서도 차분한 분위기를 연출했다. 심리학적으로 집중할 수밖에 없는 인테리어를 적용해 자연스럽게 학습 능률을 올릴 수 있게 설계했다.

집중존(다른 방향 1)

집중존(다른 방향 2)

프라이빗존 지정석

프라이빗존 지정석(확대 컷)

넉넉한 책상 크기에 간접 조명을 사용했으며, 학습에만 집중할 수 있도록 시선을 차단해 아늑한 공간으로 디자인했다.

study cafe
interior

PART 3

공간디자인 인테리어 홈페이지

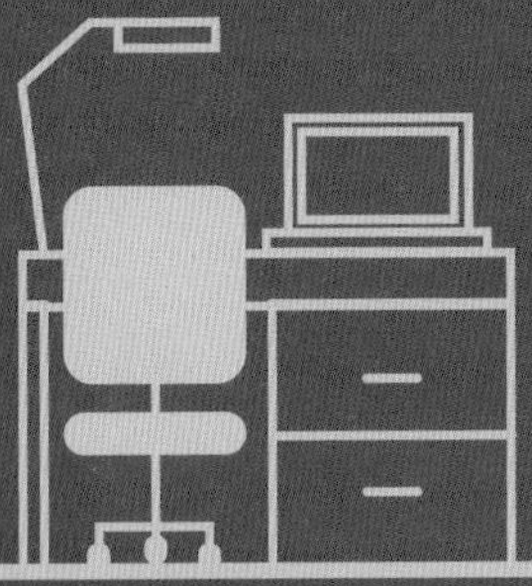

공간디자인
인테리어 홈페이지

- **성공드리미** http://sp0404.co.kr/
- **㈜공간디자인랩** http://www.sp8204.co.kr/
- **블로그** https://blog.naver.com/sp2450